C O N T E N T S

はじめに…2

第1部　小よく大を制す！……8

第1章　日本の武術が持つ体格を凌駕する知恵と工夫……11
体格は持って生まれた素質　体格差を覆す難しさ
「小が大を制す」が前提として創り上げられた武術
武術と競技試合との違い

第2章　手が触れた瞬間に勝つ！……23
オランダの巨人・カレンバッハとの対戦を通じた成長
相対間合と絶対間合を知る
複眼の目付けと歩法の優位性
手が触れた瞬間に勝つ
戦略を超えて「気」が疾る

太気拳仏子研修所　岩間統正

第3章 塩田剛三師範の技はなぜ〝効いた〟のか？ …… 47
養神館合気道龍 安藤毎夫

「合気道としての速さ」を体現した塩田剛三師範
植芝開祖と塩田師範の動きの違いから見えてくる共通点
「腰が乗る」と表現された合気道の根本原理
「伸びるための稽古」に欠かせない技の原理への理解
自身の体の特性を知りその素材の使い方を工夫する

第4章 長大を無効にする太刀筋上の座標点をとる！ …… 67
（一社）笹森順造直伝兵法白嶺北天会 宮内一

恩師・笹森順造先生との出会い
機動隊での実戦経験
〝太刀筋〟の見極め
小野派一刀流「小太刀」の理合
大長刀術・十手術にみる小能制大

“勝ち”を得る

大を制す!

岩間統正
太気拳仏子研修所

武術の工夫
逆転の方法論

「間合」「触覚」「気」による
体格の大小を超えた兵法

手が触れた
瞬間に勝つ!

戦略

太気拳仏子研修所の岩間統正師範が探求し続けるのは、体格の大小を超えるための「武術の戦略」である。

生来の弱者が　強者から

第1部 小よく

宮内 一
白嶺北天会

安藤毎夫
養神館合気道龍

合気道の技術の根元「腰が乗る」

身長154センチの塩田剛三師範の技はなぜ〝効いた〟のか？

術

大小関わりない、勝機の「一点」を求める一刀流の理

長大を無効にする太刀筋上の座標点をとる！

剣理

宮内一師範には、小野派一刀流の小太刀の技法とともに、渋川流十手術の技も示してもらった。

痩身矮躯の塩田剛三師範の技はなぜ“効いた”のか？　直弟子・安藤毎夫師範がその要諦を説く。

第1部　小よく大を制す！

第1章
日本の武術が持つ体格を凌駕する知恵と工夫

文◎野村暁彦

体格は持って生まれた素質
体格差を覆す難しさ

福島県会津若松市に、会津藩家老・西郷頼母《たのも》の邸を復元した会津武家屋敷がある。屋敷は歴史ミュージアムとなっているのだが、そこに一着の柔道着が展示してある。この子供用かと思うほど小さな柔道着の主は、富田常雄の小説『姿三四郎』の主人公・姿三四郎のモデルと言われている、講道館柔道の西郷四郎である。

小兵（身長150センチメートルほど）の西郷は、その体格を活かして得意技の山嵐を駆使して無類の強さを誇ったという。嘉納治五郎は、西郷が遣う山嵐を「ソノ得意ノ技ニ於テハ幾万ノ門下イマダ右ニ出デタルモノナシ」と称賛している。体格、体力に劣る者が技を以て勝ちを得るという、嘉納が理想とする柔道の姿を体現した一人が、西郷四郎だったのである。

古くは五条大橋での牛若丸と弁慶の戦いのように、小兵が大兵に打ち勝つという図式は、

小柄な体格ながら、西郷四郎は講道館柔道の黎明期を支えた。写真は、会津武家屋敷内にある得意技の山嵐を決める西郷四郎の像。

多くの日本人に好まれる英雄譚のパターンであり、また武道、武術のある種の理想型となっている。そして同時に、このように殊更「小能《よ》く大を制す」を言うということは、それだけ難しいということでもある。実際には、身の丈6尺（約180センチメートル）だったといわれる宮本武蔵や千葉周作に代表されるように、大兵の達人も少なからず存在する。むしろそちらの方が多かっただろう。

体格、特に骨格の大きさは、持って生まれた素質であり、才能である。これればかりは如何ともし難い。「親ガチャ」ならぬ「骨格ガチャ」である。もちろん体さえ大きければよいというわけではないが、筋肉の量やリーチなどのキャパシティが大きければ、それだけ身体的な伸び代も大きくなる。

「小が大を制す」が前提として創り上げられた武術

しかし武術の世界では、そんなことは言っていられない。平和な時代だったとされる江戸時代でも、まだ戦国時代の荒々しい気風が濃厚に残されていた初期の頃には、命懸けの戦いが少なからず勃発しただろう。そこでは「相手が自分より大きかったから、相手が自分より長い武器を使ったから勝てませんでした」などという言い訳は通用しない。負けは死に直結し、命拾いしたとしても、深刻な後遺症を伴う怪我を負うことになりかねないのである。

もちろん長い歴史の中では、小兵であっても大兵の敵を物ともしないような達人は何人も存在しただろう。しかし、それが一代限りの名人芸であったならば、残されるのは武勇伝のみである。流派ということを考えると、その名人芸を伝承可能な技術として、教伝のシステムを構築しなければならない。

例えば最古の柔術流派とされる竹内流《たけのうち》捕手腰廻《こしのまわり》小具足の開祖・竹内中務《なかつかさ》大夫久盛は、身長5尺（約150センチメートル）足らずの小兵だったという。そんな久盛が創始した竹内流は、自分より体格の勝る者を制することを可能とする技術でできている。何しろ当時の日本人の中でも小柄な部類に入る久盛にとっては、大抵の相手が自分より大きかったのだから、「小が大を制す」ことは特殊なことではなく、むしろ前提条件だったのである。久盛が生み出した柔術の理合には、それが息づいているのだろう。

大東流合気柔術の中興の祖である武田惣角もまた、150センチメートルに満たない小兵だった。剣術の理合に由来し、相手の力を巧みに利用して、決して力と力をぶつけ合わないという大東流の理合は、惣角が小兵であったが故に生み出されたとも考えられる。

そして大東流の流れを汲む合気道からは、開祖の植芝盛平や、その直弟子の塩田剛三のような小兵の達人が生まれている。

また武器術に於いては、体格だけでなく、得物の大小という要素が加わってくる。もちろん、得物は長いに越したことはない。しかし、数多ある流派の中には、鑓《やり》や長刀を太刀で、太刀を小太刀で制するなどの技術が数多く伝えられているのである。双方が同じ得物で戦うとは限らず、また同じ得物であっても長さが異なることが当たり前だった昔日の戦

竹内流捕手腰廻小具足は、創始者の竹内久盛が小兵であったため、その技法体系に「小能く大を制す」ための技術が数多く取り入れられている。写真は、竹内流相伝家による腰廻の一場面。

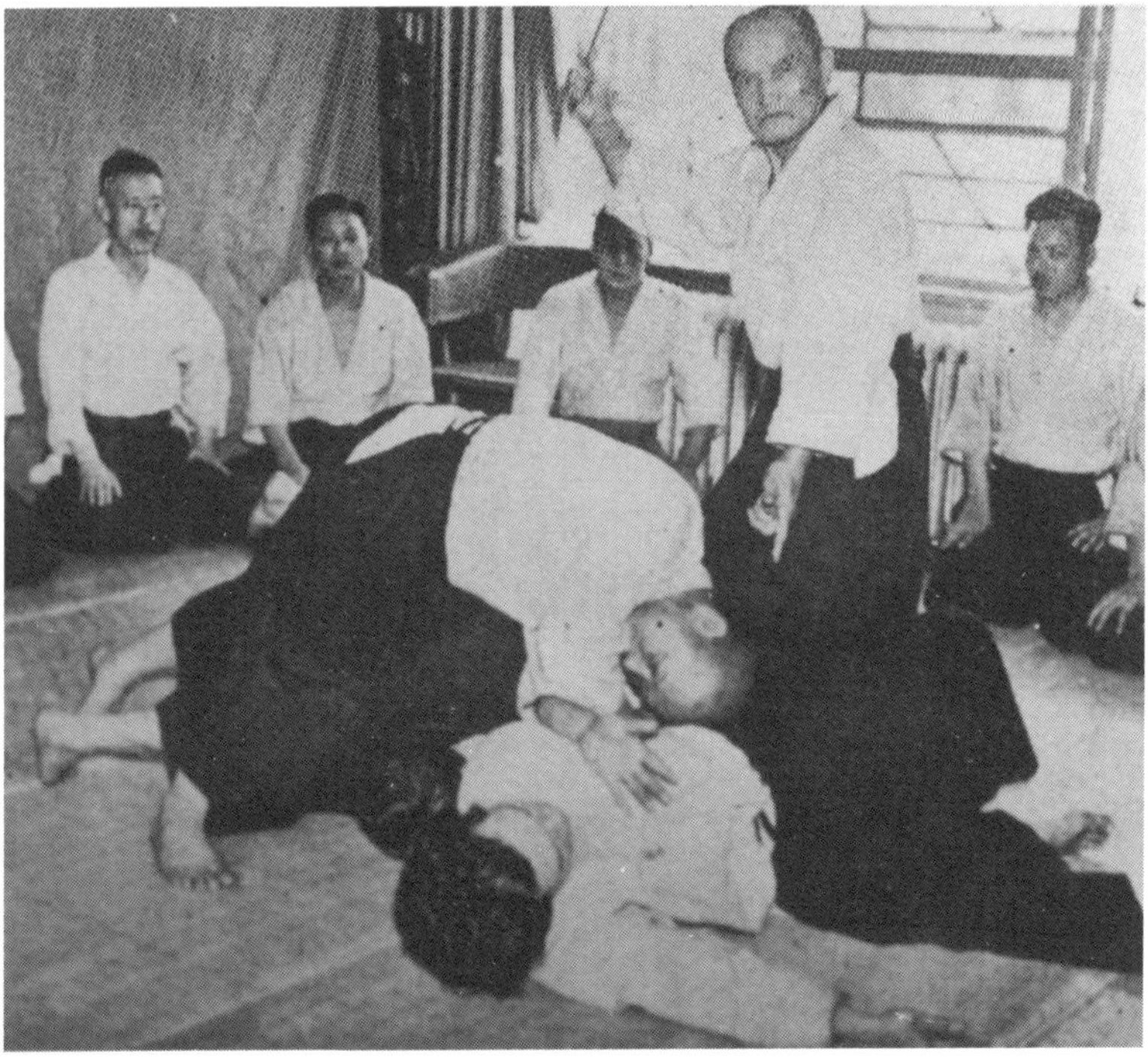

大東流合気柔術の中興の祖、武田惣角は、その強さと小柄な体格から「会津の小天狗」とも称されたという。

いでは、いくら「尋常に勝負」と言ったところで、正々堂々と戦うことではあっても、全ての条件を揃えて戦うということではなかったのである。

武術と競技試合との違い

では、逆に全ての条件を揃えた上での戦いとは、どのようなものになるだろうか。現代の競技武道や格闘技が、これに当たる。そして、ルールを定め、使用可能な武具や技法を限定した中で行われる「試合」という世界は、そういった要素が薄い武術とは比べものにならないぐらいタイトなものとなる。

武術に於いて、小兵が大兵を破る、あるいは弱者が強者を破るための方法論としては、まず「相手と同じことをやらない」ことが大切になる。それはゲリラ的な奇襲、相手が知らない技術、思いもよらない技術、あるいは相手と全く異なる身法など多岐にわたるが、いずれにしても、いかに相手の思惑を外し、十分な力を発揮させないまま制するかということになる。

こうしたことが可能な世界だからこそ、「小能く大を制す」ための方策を見出すことができるのである。しかも状況によって「何を以て勝ちとするのか」が変わってくるため、必ずしも相手を完全に制圧したり、命を奪ったりしなければならないとは限らないのである。

しかし戦い方や勝ち方といったフォーマットが規定され、勝敗を審判という第三者が判定する試合の世界では、体重やリーチなどの体格差を埋めることが非常に難しくなる。そのため、ボクシングや競技空手のようにタイトなルールの下で戦う競技では、体格差によるハンディキャップが大きくなるため、ウエイト制を採用せざるを得ないのである。

「柔能く剛を制す」「小能く大を制す」を標榜する柔道でさえ、公式試合ではウエイト制を導入している。これは国際化が進んで選手の体格差が著しくなったことに加え、スポーツ競技として成熟してきたためだろう。

しかし、無差別級で行われた全日本柔道選手権大会で2位を勝ち取った古賀稔彦《としひこ》のように、体格差という壁に果敢に挑み、成果を上げた例もある。決して不可能なことではないのである。

同じ種であれば、体が大きな個体の方が強い。自然界では、これが当たり前となっている。そして人間もまた、素の状態でのスペックとしては、やはり体が大きい者の方が、取っ組み合いや殴り合いでは断然有利なのである。しかし人間の能力には、他の動物とは比べ物にならない多様性があり、体格や体力を凌駕する智慧と工夫がある。

決して容易なことではないが、「小能く大を制する」とは、人間だからこそ持ち得る能力なのである。

第1部　小よく大を制す！

第2章

取材・文◎加藤聡史
構成◎本誌編集部

太気拳仏子研修所

岩間統正

手が触れた瞬間に勝つ！

「間合」「触覚」「気」による
体格の大小を超えた兵法

Iwama Norimasa

1945年、茨城県生まれ。中央大学法学部卒業。幼少期より武道に親しみ、中学から剣道を始め、高校では柔道部に所属。大学在学中から、太気至誠拳法（太気拳）創始者・澤井健一宗師のもとで太気拳を学び始める。宗師に「気が出た」と言わしめた唯一の太気拳士。ヨーロッパでも太気拳を教える。実生活では長年お茶と健康食品販売会社（駿河園）を経営する傍ら、澤井宗師より最高位の七段教士を許され、数々の他流試合をこなしながら、後進の指導に当たる。そのほか、少林流空手最高師範。囲碁は八段の腕前。著書『生きること、闘うこと 太気拳の教え』（ゴマブックス）。VHS『獣の闘気 太気拳』『岩間統正の実戦太気拳』（福昌堂）。DVD『神技！太気拳 第1～3巻』（BABジャパン）。

オランダの巨人・カレンバッハとの対戦を通じた成長

太気拳創始者・澤井健一宗師から全伝を得、門弟の中で唯一「気が出た」と言わしめた岩間統正師範。数多くの実戦譚を持つ太気拳三巨頭の一角であり、圧倒的な体格を誇った欧州の雄ヤン・カレンバッハ師との幾度にもわたる激闘を経てきた岩間師は、まさに「小能《よ》く大を制す」を実現するための極意を訊くに相応しい達人と言える。現在七十代半ばを過ぎて尚、溢れんばかりの気迫と精気、身体のキレを身に纏い、自身の修行と後進の指導を行う岩間師にその「戦略」を伺った。

日本の武道・格闘技界に類稀なる〝強さ〟で大きな足跡を残したオランダの巨人、カレンバッハ師。そのカレンバッハ師と岩間師の最初の対戦は四十数年前に遡る。

親友である佐藤嘉道《よしみち》師（現太気拳宗家）の紹介で、片道の旅費のみ持って渡欧した岩間師。事前に佐藤師から、極真会館に来訪したカレンバッハ師の驚異的な実力と体格を聞き及んではいたが、実際に眼前に現れたカレンバッハ師に「こんなにでかいのか！」と衝撃

を受けたという。だが澤井宗師から、カレンバッハ師と組手を行い、その模様を撮影したビデオを日本に送るよう命じられ、最初の対戦と相成った。

まず岩間師が感じたのが、体格差による小さい側のスタミナ消耗の早さだった。集中力も体力も普段の組手とは比べ物にならない速さで目減りし、疲れてクリンチ状態になればウィレム・ルスカと互角であったというカレンバッハ師の柔道技が襲ってくる。実際に映像を見ると、カレンバッハ師の柔道は実に巧妙に空手と融合しており、総合格闘技の選手によくある打撃と組技を足しただけで分離してしまっているような動きとは違い、非常に完成度が高い。

岩間師はカレンバッハ師が得意とする前足への足技で何度もバランスを崩され、きれいに投げられるシーンもあった。当時は空手をメインに修行し、まだ太気拳は齧《かじ》り始めたばかりで技術的にも未熟だったというが、岩間師にとって苦い記憶であろう。しかし、「隠してもしょうがないからね」と初対面の記者にも快く映像を見せて下さる岩間師の度量に感じ入る。また、圧倒的な体格差にも全く怯むことなく立ち向かっていく岩間師の闘魂も印象深かった。

澤井宗師と若き日の岩間師のツーショット。澤井宗師もまた、「小能く大を制す」を老境に入っても体現し続けた達人であった。

二度目の対戦は明治神宮で。「一度目よりは、まずまずの勝負ができた」と岩間師は振り返る。だが、澤井宗師は時間を決めずに組手を行わせるので、最後はスタミナ切れを起こして一発貰ってしまったそうだ。だが三度目となる岩間師の自宅の庭で行った勝負では、ついに五分に渡り合えるようになっていた。

四度目は仏子の河原で、この時はカレンバッハ師が武道関係の書籍制作のために来日した折で、予定外の対戦だったため、岩間師はスタミナの消耗を抑えるためにあえて歩法を封印。体幹部を柔軟に用いる身法を駆使し、自らはほとんどその場から移動せずに攻防一体のカウンターを合わせる戦法で臨んだ。

岩間師はカレンバッハ師が繰り出した十数発の打撃全てを捌いて返し、逆に打ち込んでいく度にカウンターを合わされ続けたカレンバッハ師は、ついに手が出せなくなったという。これに続いて数日後にも手合せしたが、その時にはもう、あれほど巨大に感じていたカレンバッハ師が、岩間師には小さく見えていた。

「負けた時こそ自分に足りないものを補う大きな好機」「自分の技が通じない時、どうすれば通じるか考え抜くのが上達への道」と語る岩間師は、このカレンバッハ師との度重な

オランダにて、岩間師（左）はカレンバッハ師と初対戦。この時はまだ空手の色が強く、圧倒的な体格差に苦杯を嘗めたという。

明治神宮にて、カレンバッハ師（左）と二度目の対戦を行う岩間師。写真左端には、両雄の組手を見守る澤井宗師の後姿も見える。

自宅の庭にて、岩間師はカレンバッハ師と三度目の手合わせに臨む。この時は五分の勝負ができるまでになっていた。

る対戦を経て大いなる成長を遂げたことが窺い知れる。
現在に至っては「小能く大を制す」と考えること自体が一種のコンプレックスという答えに辿りついたという岩間師。「体格の大小に拘っているうちは、本当の意味で小能く大を制すことはできない」とも語る。岩間師は最早、相手の大小を感じることすらなくなったそうだ。

身法を用いたカウンター

足ではなく
身体で捌いて打つ

相手の前蹴りを体幹部をへこませるように空間を作ることで打点を外して威力を殺し、同時に右手で蹴り足を捌いて体勢の崩れた相手にカウンターで突きを返す（①〜③）。岩間師の足が、ほとんどその場から動いていないことに注目。四度目の対戦時にカレンバッハ師を完封した身法の妙技だ。

相対間合と絶対間合を知る

小柄な体格ながら、「小能く大を制す」を老境に入っても体現し続けた澤井宗師は「大男に名人なし」と喝破した。体格の大きい者はその生まれ持った資質に頼り、それで間に合ってしまうため、小さい者のように技を磨く必要に迫られない。故に真の技を会得することはできないという意味だ。岩間師もカレンバッハ師に対抗するため、当然ながら数多の試行錯誤を重ねた。小さい者が大きい者と同じことをしていたら絶対に勝てない。だからこそ、勝つための戦略＝兵法が必要となる。

それを理解するために、まず知っておかなければならないのが「間合」だ。岩間師は間合には相対間合と絶対間合の二つがあるという。相対間合はまだ互いの拳足が届かない距離。そして、絶対間合は互いの拳足が届く距離であり、意拳創始者・王薌齋《こうさい》の「自分の手が届く時には相手も手が届く」という言葉でも表現される、勝負を決する間合となる。

この間合の認識が最初の一歩であり、ここに気付けば相対間合から絶対間合への移り際こそが勝敗の分かれ目であることも理解できるだろう。〝互いに打てない〟相対間合から、〝どちらも打てる〟絶対間合に移行する刹那に技を施し、〝自分だけが打てる〟状況を作り出す（岩間師は「まな板に乗せる＝いつでも料理できる」と表現する）。これこそが岩間師の「戦略」であり、その実現には幾つもの要素が必要になる。

複眼の目付けと歩法の優位性

相手と相対間合で向き合ったとき、まず第一に警戒すべきは最も長い武器＝蹴りだ。岩間師は「蹴り足ではなく軸足を見る」とし、軸足を踏み込むタイミングや向きで蹴りを察知する。そしてこの際、非常に大切なのが「目付け」である。

複眼の目付けで全体を見る

相手の目や手先といった一点を見つめるのではなく、トンボが複眼で見る如く、相手の背後の景色まで含めた全空間をスクリーンで眺めるように捉える。

一打必倒の要訣

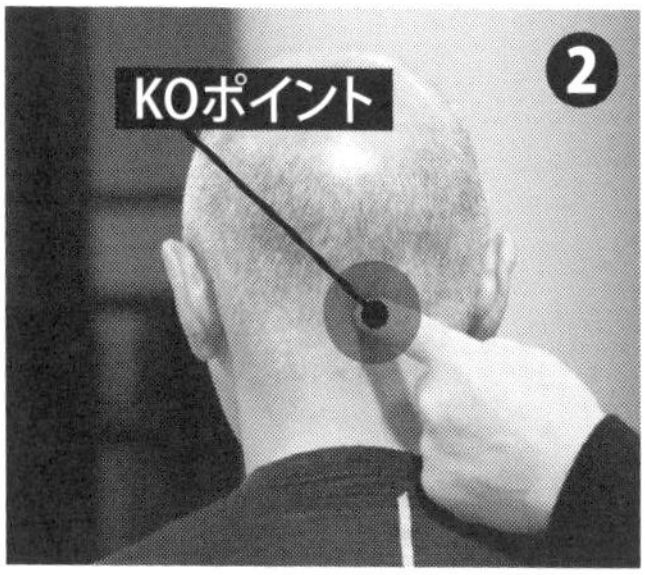

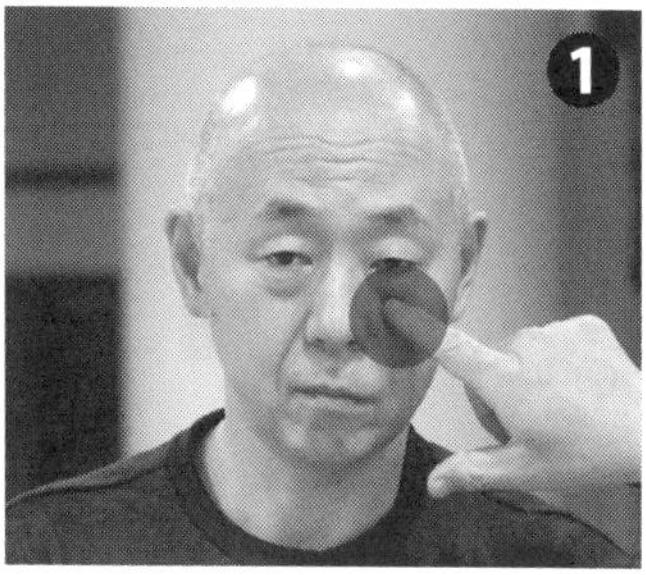

目の下あたり（①）から後頭部のKOポイント（②）まで打ち抜く。

そこから瞬間的に拳を引くことで、相手は首がガクンと前に傾いて昏倒する（③④）。

相手の目や手先といった一点を見つめるのではなく、トンボが複眼で見る如く相手の背後の景色まで含めた全空間をスクリーンで眺めるように捉える。そうすることで蹴りに限らず相手の全ての動きに一早く応じることが可能となり、フェイントも容易に見破れるようになる。

複眼の目付けによる素早い反応に加えて、間合を掌握するために不可欠なのが歩法だ。岩間師は前後左右、あらゆる方向へ自在に足を運ぶ。相手が一気呵成に攻め込んできても追い切れない速さで軽やかに後退して間合を外し、攻めるときは一陣の風のようにスッと入る。このように相対間合の段階で既にペースを握っているからこそ、ベストのタイミングで絶対間合へ入ってゆけるのだ。

歩法で間合を掌握する

相手が一気に攻め込んできても追いきれない敏捷な歩法により、攻防の間合を掌握する。後退する際も体勢は常に崩さず、いつでも変化できる状態を保つこと。

手が触れた瞬間に勝つ

岩間師が相対間合から絶対間合へ移る際には、必ず相手の手を制して入っていく。遠間から飛び込んで打つといったようなことはせず、最も近い位置にあり、同時に最も危険な武器である手を封じる。さらにそのまま触れた手を介して相手の全身の動きを止めてしまう。

例えば、相手の構えた前手に岩間師が柔らかく触れた瞬間、相手は触れられた前手は無論、もう片方の手で打つことも、足で蹴ることもできなくなる。傍からは不可思議にも見える妙技だが、岩間師が触れた手を介して相手の中心に力を通すことで、相手は自らの重心を後ろ足に縫い止められたかのような状態になる。

岩間師はこれを「武道・格闘技の盲点」であるとし、約束事のない実戦の中で相手をストップさせられるのは、せいぜい一秒程度だという。しかし、手を出せば即座に届く絶対

前手を制して全身の動きを止める

岩間師が相手の前手に触れると、それだけで相手は全身の動きを止められてしまう（①）。岩間師は触れた手を介して相手の中心に力を通しており、相手は後ろ足に縫い止められたようになって。後ろ手の突きも蹴りも出せなくなる。さらにここから裏を取って相手を制する（②）など、様々な技に展開可能である。

間合での「一秒」は、相手を仕留めるには充分すぎる時間だろう。さらに岩間師は、この一瞬の間をより実戦的に制することに特化した稽古法「瞬間推手」を考案している。

相対間合から絶対間合へ移る瞬間、最初に触れる手を介して相手を制する。これは岩間師の「戦略」の一端だが、十全に機能するならば「小能く大を制する」ための最大の障害である、リーチやパワーの差が問題ではなくなる。初手から頭や胴体を狙わず、しかも〝打って勝つ〟ではなく〝勝って打つ〟だからだ。

そして手が触れた刹那、鋭敏な「触覚」で接触部分から相手の力の方向や強弱、重心の位置など数多の情報を読み取り、手が瞬時に最適な行動を自動的に選択する。その感覚を岩間師は「手が答えを出す」と語る。これは、突き蹴りをスリップさせて威力を減殺する「差手」などで相手の攻撃を受ける際も同様である。

手が触れた一瞬で制する「瞬間推手」

手が触れる一瞬の間を制し、有利な位置を取る稽古法（①②）。手の「触覚」で相手の動きを察知する聴勁を養う意拳の推手を、岩間師がより実戦的な形で練り上げられるよう独自に考案したものだ。

戦略を超えて「気」が疾る

ここまで岩間師の戦略について紹介してきたが、実は最後の要点は「戦略を忘れる」ことだという。「ああしよう、こうしよう」といった自分勝手な想定は実戦では全て外れる。故に戦略を活かすためには、戦略を捨てなければならないのだ。

太気拳の真髄である「気」は攻防の中で、これ以上はないという絶妙のタイミングで放たれる無意識の技として発現する。それを指して「気が疾《はし》る」というのだと岩間師。この反射神経を超えた究極の対応力を発揮するため、岩間師は相手と対する際は一切の戦略や想定を捨て、相手の影となって動いているという。

必勝を期した戦略を練り、それを実現可能な要素を備えるべく鍛錬を重ね、最後は全て忘れて実戦に臨む。一見矛盾しているようだが、無意識にかつ最大効率で「小能く大を制す」戦略を体現し、齢七十半ばを過ぎて尚、組手で若手を圧倒する岩間師の姿を見れば、それ組手において、岩間師は相手の前蹴りを左の差手でスリップさせつつ完璧な拍子で中に入り（①②）、右手で肩のあたりを押し崩し（ここで顔面へ打拳も可能）、そのまま相手を地に叩きつけた（③④）。攻防の中、絶妙のタイミングで放たれる無意識の技の発現を「気が疾る」と岩間師は言う。そして、それを発揮するためには一切の戦略を忘れる必要がある。

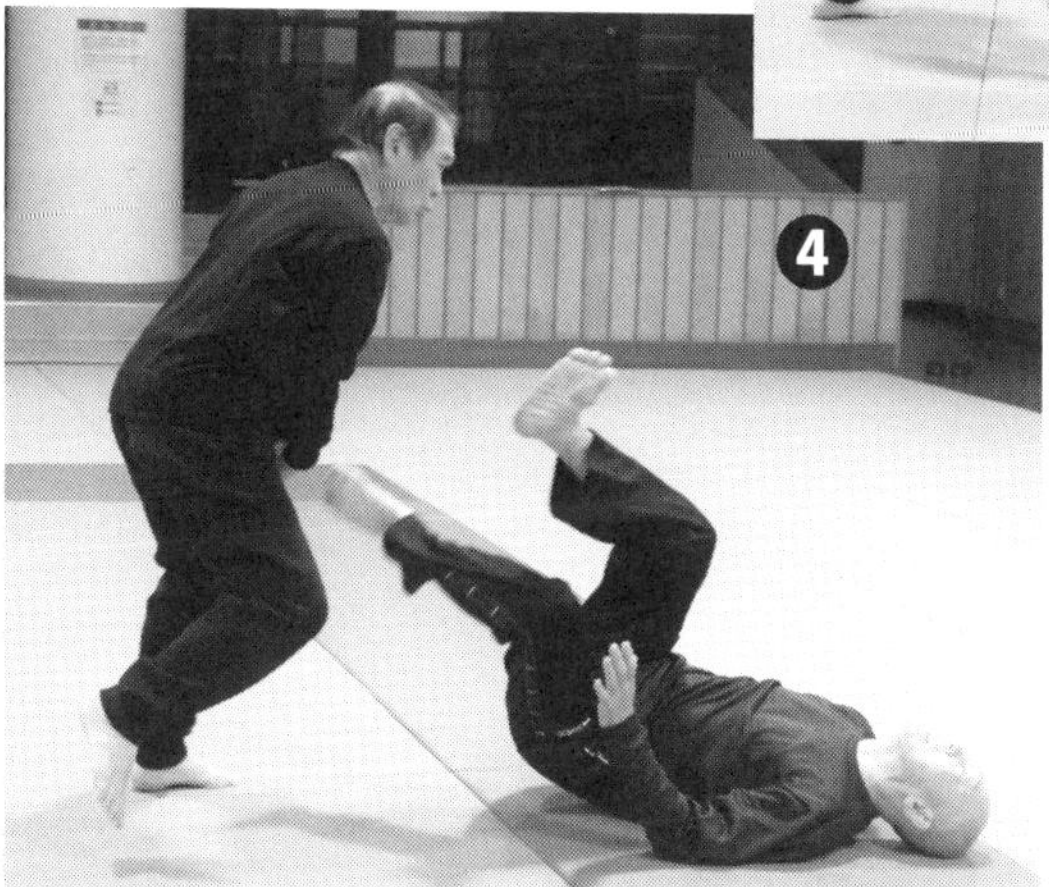

「気」が疾る

戦略を超えた究極の対応力

こそが最良の方法なのだと実感できる。

「達人の上に名人、名人の上に超人、超人の上に神人がいる」と嘗て澤井宗師は語っていたが、岩間師はまさにその領域へ足を踏み入れようとしているのではないだろうか。

こちらから関連動画を観られます（「WEB秘伝」動画ギャラリー）

体格の大小を気にしているうちは
本当の意味で「小能く大を制す」
ことは不可能です。

第1部　小よく大を制す！

第3章

取材・文◎野村暁彦

合気道の技術の根源——「腰が乗る」

養神館合気道龍

安藤毎夫

身長154センチの塩田剛三師範の技はなぜ"効いた"のか？

Ando Tsuneo

1956年生まれ。愛媛県新居浜市出身。徳島大学在学中に合気会系合気道部へ入部。卒業後、商社勤務を経て、合気道養神館へ内弟子として入門。故・塩田剛三館長の薫陶を受ける。1996年より独立し、千葉県浦安市に「養神館合気道 龍」を主宰する。2008年より養神館本部道場主席師範となり、現在に至る。塩田館長の提唱した中心力から開祖植芝盛平翁の呼吸力の真相に迫る「引き寄せ」の原理原則を原点にすえ、合気道の深奥を独自に探究する。

「合気道としての速さ」を体現した塩田剛三師範

身長154センチメートル。痩身矮躯の塩田剛三師範が、束になってかかってくる大の男たちを軽快な足捌きで翻弄し、まるで布切れのように、次々と投げ捨てていく。その姿は、まさに「小能《よ》く大を制す」を体現するものだった。

アメリカ合衆国第35代大統領ジョン・F・ケネディの弟ロバート・ケネディは、1962年に来日した際、塩田師範の養神館道場を訪れた。予《かね》てから噂を耳にしていた合気道に、少なからず興味を持っていたという。塩田師範の演武を目の当たりにしたロバートは、その妙技を称賛しつつも「やらせ」ではないかと懐疑心を懐き、「自分の弟子でない者にも通用するのか？」と、同行していた身長190センチメートル、体重100キログラムの屈強なSPに相手をさせた。

このときの様子を、ロバートは日本回顧録『自由の旗の下に』の中で「私のボディーガー

巨漢のボディーガードを合気道の技で抑え込む塩田剛三師範

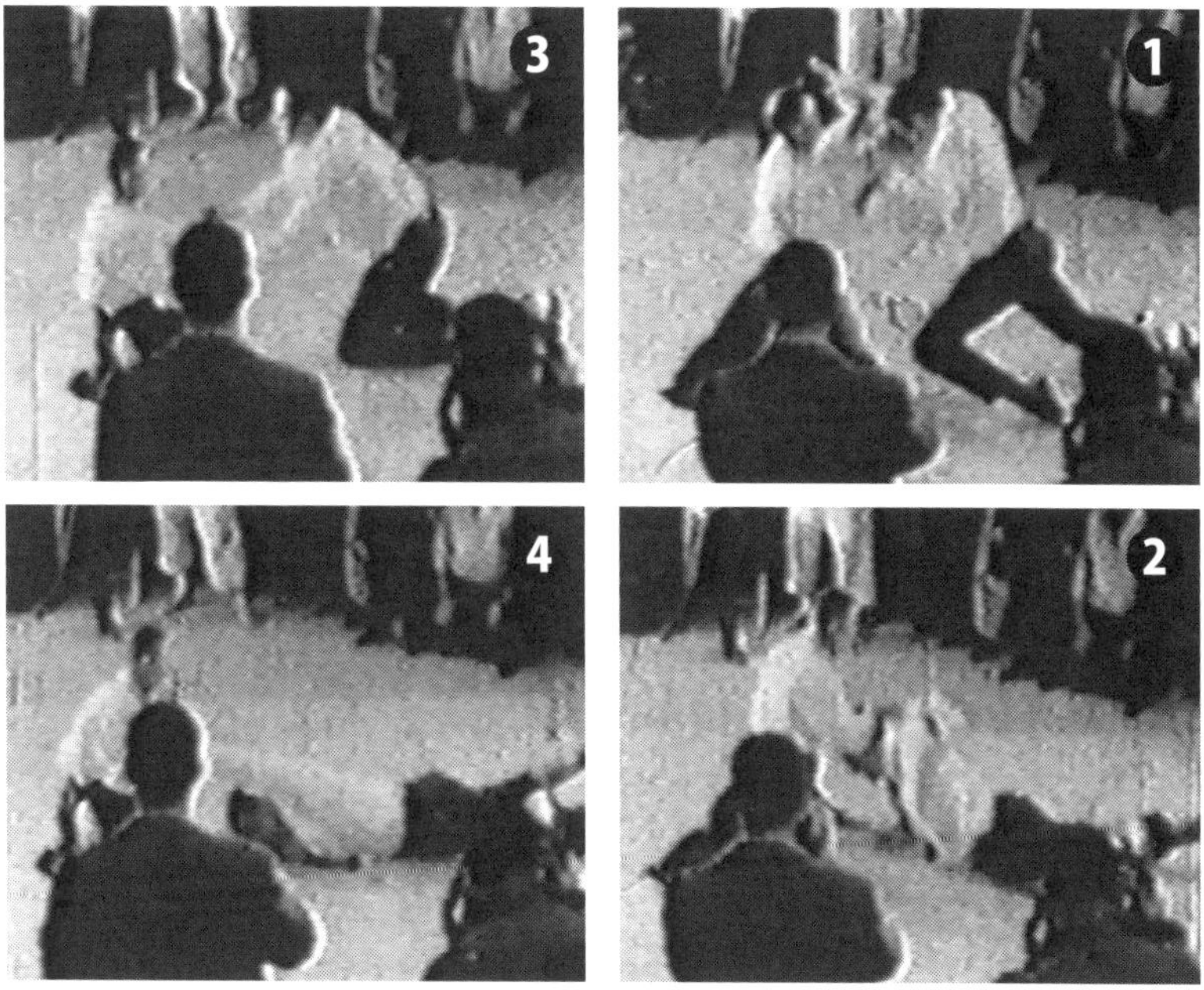

ロバート・ケネディ氏の指示で、塩田剛三師範の技を受けたボディーガードは、身長190センチ、体重100キロの巨漢であったが、塩田師範に合気道の技で抑え込まれ、抵抗しようとするところをさらに抑えられ、起き上がることもできなかった。

ドがその小柄な先生に立ち向かっていったところ、まるで蜘蛛がピンで張り付けられたように、苦もなく取り押さえられた」と述懐している。もちろんSPと実際に戦ったわけではない。残されている映像を見れば明らかだが、あくまで「合気道の技が本当にかかるのか」を検証し、自分より遥かに体格に勝る、要人警護のプロを相手に実証して見せたのである。ここで大切なのは、合気道という武道が、体格差を越えて通用するだけの技術を有しているということである。

小柄な塩田師範にとって、「小能く大を制す」は決して特別なことではなかっただろう。何しろ、ほとんどの相手が自分より大柄なのである。そんな塩田師範が体格差を克服するために工夫したのは、第一に「相手に捕まらないための俊敏な動き」だった。

しかし素早く動こうとしても、普通の歩きや走りのような動きでは、一歩踏み出しただけで中心がブレて集中力が途切れ、力が抜けてしまう。急発進と急ブレーキを繰り返すことになるため、制御が利かず、結果的に自分で自分を振り回すことになってしまう。瞬間的には速く動けても、全体的には非常に遅くなってしまうのである。

塩田師範は俊敏に動くために拇指を鍛え、ここから出る力を使って、集中力を切らさない動きを実現した。また、ただ素早く動き回るだけでなく、常に相手を制圧できる位置に身を置かなければならない。塩田師範の素早さは単に移動速度が速いだけではなく、自身の動きをしっかりと制御し、中心軸がぶれない中で、彼我の位置関係を正確に作り出す「合気道としての速さ」を実現したものとなっている。

植芝開祖と塩田師範の動きの違いから見えてくる共通点

しかし、これが合気道に於いて「小能く大を制す」ための、唯一無二の方法というわけではない。

塩田師範の師匠である植芝盛平開祖も身長は塩田師範よりさらに低く小柄だが、植芝開祖の動きは、塩田師範の動きとは明らかに質が異なっている。塩田師範が素早い体捌き、足捌きで相手を翻弄し、軽快で鋭い印象を受けるのに対して、植芝開祖は自身が目まぐるしく動くのではなく、渦の中心に在って相手を巻き込むような、重厚な印象を受ける動きで相手を制していく。

こうした違いは体格や体質、性格などの個性によるもので、技としての表現方法は違えども、本質なところは同じである。

「植芝先生と塩田先生の動きが違うからこそ、見た目の形じゃないところにある共通点に目が向くんです。お二人の共通点は、ぶれない中心軸とその強さです。もし二人の先生が同じ動きをしていたら、むしろ何が何だか分からなかったと思います」

と養神館合気道龍の安藤毎夫《つねお》師範は言う。師弟でありながら異なった動きを見せる二人の達人の姿から、何を学ぶべきなのか。大切なのは相違点ではなく、共通点である。一見異なっている動きの中で、共通点に目を向けることによって、合気道に通底する根本原理が見えてくるのである。

「腰が乗る」と表現された合気道の根本原理

安藤師範によると、塩田師範は合気道の技術の根源と思われる要素を、端的に「腰が乗る」という言葉で表現し、特に四ヶ条の稽古の時によく口にしていたという。四ヶ条は一挙動で極まるシンプルな技のため、原理がそのまま技の成否となって表れるのである。

この「腰が乗る」を少し補足すると、「軸足に腰が乗る」ということになる。腰の強さ、軸足の強さも必要だが、塩田師範はその「乗せ方」が素晴らしかったのではないかというのが、安藤師範の見解である。

また安藤師範によると、この様子が端的に現れているのが、塩田師範による四方投げの分解写真の中の、あと一歩、歩を進めれば相手が倒れるという、まさに投げる直前の姿勢だという。このときの体の角度や前足の膝の感じが「軸足に腰が乗った」形であり、ここを外すと本当の意味での四方投げも成立しないのである。

「腰が乗る」1

塩田師範は、合気道の技術の根源と思われる要素を「腰が乗る」と表現したという。この要諦を十全に満たした技は、体格の大小を超えて“効かす”ことができるものとなる。①相手の手首を掴んでいるところから、②「膝の動き、後ろ足の張り、中心線の発動が決まることによって、『腰が乗る』状態となります」と安藤師範は言う。前足の膝を曲げての前進動作だけでは、腰が上を向き、腰で力が抜けてしまい（②’）、腰が乗らない。③腰の向きが下を向き、腰が乗っていることが技が決まる大きな要因の一つとなる。

「腰が乗る」2

①正面打ちを受けた状態から、②腰を乗せながら回転することで、③のように相手を腰で押さえることができる。④は塩田師範による四方投げの分解写真の中の一枚で、あと一歩進めば相手が倒れるという、投げる直前の場面。この姿勢が「腰が乗る」が端的に現れている基本技の要所であると安藤師範は言う。

「塩田先生は『腰が乗る』という表現で一つの感覚を言われているのと思うのですが、その感覚を知らない者には、抽象的でよく分からないんです。だからこそ、様々な基本技を通して腰が乗る感覚を掴まなくてはなりません。よく黒帯会で我々の腰の後ろを下に押して、その感覚を掴ませてやろう、知らしめてやろうとしていたのだと思います」

と安藤師範は言う。塩田師範が言う「腰が乗る」とは、合気道の根本原理を、塩田師範なりの体感に基づいて言葉にしたものだろう。しかし、そんな養神館合気道の要諦を最初から理解し、体現することは不可能である。だからこそ、塩田師範が取りまとめた稽古法に沿って稽古し、身を以て理解していくしか方法がない。

そうは言っても、初心者が稽古に取り組むに当たって、多少のヒントは必要である。安藤師範の道場では、構え、基本動作、基本技、立ち技、座り技、投げ技、自由技から終末動作といった一連の稽古の中で「腰が乗る」というキーワードを技の要所・要所で示し、後ろから腰を押し、理解を促している。

「今の合気道はハリボテだ」と塩田師範は言っていたという。合気道の本質は個々の技の手順ではなく、それを支える原理にある。原理なしに手順をなぞるだけでは、中身のな

「腰が乗る」3

【重心移動】①重心移動においても、②前足、軸足に腰が乗ることで重心移動の力が流れ、③相手を崩すことができる（③は、②の体勢から打ち込んでいる場面を別角度から撮影したもの）。④逆に、重心移動の出発点の軸足に腰が乗らないと、重心移動の力が流れず、⑤相手を崩すことができない（⑤は、④の体勢から打ち込んでいる場面を別角度から撮影したもの）。

【回転】回転の際も、⑥前足、軸足に腰が乗ることによって、回転の力が流れ、⑦相手を崩すことができる（⑦は⑥の体勢から右足を軸に回転して打ち込んでいる場面）。⑧最初の回転の初動で前足、軸足に腰が乗らないと、⑨相手を崩すことができない（⑨は⑧の体勢から右足を軸に回転して打ち込んでいる場面）。

いハリボテで、もはや合気道とは言えないのである。そこで、まずは技の手順に沿って型を覚え、動きを真似ることで合気道を疑似体験し、体を作り、感覚を養うことで徐々に根本に近づいていくよう稽古を積んでいくのである。多くの技を稽古することは、根本を見る様々な角度の眼が必要ということである。

「伸びるための稽古」に欠かせない技の原理への理解

一方、安藤師範は塩田師範が基本動作を稽古する姿を一度も見たことがないという。稽古するのは専ら基本技。それも週に三日、合計四時間の稽古の中で行う技の数は四十八本ほどと、決して多くはない。ご子息の泰久師範に聞いても、自宅で合気道の稽古をしている様子はなかったという。それでも技術を伸ばすことができたのである。

「塩田先生は、おそらく、それほどまでに、基本技に精通していたんでしょう。先生は先生自身を伸ばすための基本技をやっていたんだと思います」

と安藤師範は言う。基本技の稽古は、技の原理を掴もうとする姿勢・方向性が大切で、今、技の原理を理解していなくても、そこに向かう考え方が持てれば、「伸びるための稽古」となるはずである。植芝開祖の下で、ある程度原理を会得していた塩田師範の基本技の稽古はいわば、さらに原理を深め、中心軸を強化するための稽古だったのである。

塩田師範は合気道の原理について、弟子たちに「俺は植芝先生に就いて8年で分かったんだから、お前たちもグズグズしてたら駄目だ」と言っていたという。グズグズしていると惰性に流れ、ごまかす技へと落ち着いてしまう。強く原理に向かう姿勢を持ち続けることが重要なのである。人によってその理解のスピードは異なり、塩田師範の8年に驚嘆しつつも、自らのペースで探求できることも合気道の優れた特徴であろうと思う。

そして、原理が少しずつ分かれば、稽古の方向性に確信が得られるため、稽古にも身が入る。もちろん原理が分かったからと言って、それだけで達者になれるわけではない。むしろ、ここからが合気道修行の本番とも言えるだろう。しかし進捗の速度こそ人によって

塩田師範から腰が乗る感覚を伝授される安藤師範。腰の中心を後ろから下に押すことで、中心線が決まり、腰が前足に乗ることが体感できる。

違うものの、進むべき道筋を得て諦めずに稽古を続けさえすれば、誰もが確実に上達していけるのである。

技術的なところに目を向けてみると、まず腰の向きが大切である。最初は、腰を入れようとして腰が上向きになり上体が反ってしまう。当然後ろ足の膝も緩み、力が出ない。次に後ろ足の向きである、後ろ足の向きが縦になってしまうと、腰の安定が得られないだけでなく、後ろ足の親指の力が腰に伝わらなくなってしまう。

後ろ足のエッジを効かし、親指の力を素早く腰に注入することである。また前足・軸足の強さも必要である。さらに腰の真っすぐな線、垂直な線が要求される。このような要素を経て腰が乗るのである。一朝一夕にはいかないが、遥かに見上げる頂上への道は、登れば登る都度に道は出てくる。ちょうど方向を指さす誘導版のように。稽古を通して一つひとつ身につけていく過程は、新たな発見の連続である。

そして、腰を乗せた軸足が右から左、左から右と切り替わることで重心移動を行い、また軸足にしっかり腰を乗せた状態で回転する。回転も重心移動も、軸足に腰を正しく乗せていなければならない。あの塩田師範の俊敏な体捌きも、こうした原理に基づいた、塩田師範なりの表現なのである。

自身の体の特性を知り その素材の使い方を工夫する

最終的には、合気道の原理を自分の特性に合わせて、表現することである。小さい大きいという特性ではなく、植芝開祖と塩田師範の技の表現が違うように、自分なりの表現が大切である。

我流ではなく、原理を含んだ個性でなければならない。我流に陥れば陥るほど脱出は難しく、発展は見込めない。合気道を楽しむためにも原理に目を向け、ハリボテでない体の中の状態を把握したいものである。「小能く大を制す」ということは、見えるもの、大・小にとらわれず、内部の状態を見る目を養うことから始まる。

こちらから関連動画を観られます（「WEB秘伝」動画ギャラリー）

合気道の原理さえ分かれば、
誰もが確実に上達していけます。

◉養神館合気道龍　https://www.aikidoryu.or.jp/

第1部　小よく大を制す！

第4章

撮影協力◎（一社）笹森順造直伝兵法白嶺北天会
取材・文◎増井浩一

（一社）笹森順造直伝兵法白嶺北天会

宮内一

長大を無効にする太刀筋上の座標点をとる！

大小関わりない、勝機の「一点」を求める一刀流の理

Miyauchi Hajime

1947年、静岡県生まれの東京都育ち。73歳。高校時代、海軍兵学校出身の先生に勧められて1964年9月末に禮樂堂道場を訪れ、笹森順造先生に師事、小野派一刀流を習い始める。高校卒業後、短大、一般企業を経て警視庁に入庁。のち機動隊へ入隊。その間も小野派一刀流の修行を続け、笹森先生より「小野派一刀流剣術」、「神夢想林崎流居合術」、「直元流大長刀術」、「渋川流十手術」の四流の免許皆伝を得る。身長157センチ。

恩師・笹森順造先生との出会い

今回、お話をお聞きしたのは、小野派一刀流津軽伝の宮内一《はじめ》先生である。宮内先生は笹森順造先生（1886年5月18日〜1976年2月13日）より、笹森家に伝わる「小野派一刀流津軽伝」「神夢想林崎流居合術」「直元《ちょくげん》流大長刀術」「渋川流十手術」の各流派の免許皆伝を直々に受けた第一人者である。

今回のテーマである「小能《よ》く大を制す」に宮内先生を頼んだのは、小野派一刀流に伝えられる小太刀、加えて渋川流十手術があるからである。

宮内先生は、昭和22年生まれの73歳、出身は静岡だが、東京に移り住んでからのほうがずっと長い。身長は157センチメートル、体格もスリムで現代日本人の平均身長170・6センチは元より、昭和時代の平均身長から見ても小柄と言える。

宮内先生は、中学生のときに剣道部に短い間のみ在籍したことがあるくらいで、その後

順造先生に小太刀の指導を受ける若き日の宮内先生。順造先生は教授料はもちろん、目録発行時にも一切金銭は受け取らない方針の下、禮樂堂にて津軽伝の諸武術を惜しみなく教授されたという。

笹森順造先生（前列右側）と少年期の宮内先生（後列左側。1965年7月、禮樂堂にて）。前列左は、同じく四流皆伝を受けた宇津木輝勝先生（故人）。宇津木先生は長く古武道振興会の演武大会などでも活躍された。後列右は直元流大長刀術の家元、白取イチ子先生。この年、白取家の全伝が順造先生一門へ伝授された。

に禮樂堂《れいがくどう》に赴き、笹森順造先生に弟子入りするまでは武道ともスポーツともあまり関わり合いがなかったという。そんな先生に武道を勧めたのは当時通っていた高校の先生で、理由は身体を鍛えたほうが良いからというものだった。

それまで武道にさほど関心を持たなかった宮内先生が禮樂堂へ通うようになったのは、小野派一刀流が宮内先生に合っていたのだろうが、それ以上に笹森先生の人柄によるところが大きいといえる。笹森先生の初対面時の印象を、宮内先生は次のように語る。

「最初に会ったときの印象はね、もの凄い紳士なんです。ちょうど先生が国会から車で帰ってきたときですからね。スーツをパリッと着て杖を突いてね。凄く立派なんですよ」

笹森順造先生と言えば、武術家でありながら衆議院議員を４期、参議院議員を３期務め、片山哲内閣のときには国務大臣「復員庁総裁」をも務めたほどの実績を持つ名士である。ちなみに宮内先生が見た紳士は、参議院からの帰還時の姿である。

このとき宮内先生と話した笹森先生からは、「じゃあ、来週から来なさい」と言われたけれど、その約束の日は学校の体育祭と重なってしまう。そこでそれを伝えに行き、二度目に会った笹森先生の印象はガラッと変わる。

「そのときはもう、田舎のおじいさん、厚いドテラを着てね。あのときの人と同一人物とは思えなかったですね」

でも、と続ける。

「会っているとやっぱり温かい人でしたね」

こうして宮内先生は小野派一刀流を学ぶこととなった。

機動隊での実戦経験

それまで武道にあまり関心を持たなかったのが嘘のように、小野派一刀流は宮内先生の人生の中で、最重要事項になっていった。高校を卒業した後の進路に、四年制大学ではなく短大を選んだのも、稽古をする時間を確保するためである。そして短大を卒業し、会社員を経験した後、父親と同じ警視庁へ入庁する。さらに2年後には機動隊へ入隊する。

機動隊と言えば、警察組織の中でも最も過激な部隊として有名だ。宮内先生も例外ではなく、「佐世保エンタープライズ寄港阻止闘争」（1968年1月）や「成田空港管制塔占拠事件」（1978年3月26日）といった歴史に残る重大事件の任に当たっているが、特に命の危険を感じたことはなかったという。やはり武道で身に付いた技術が活きたのだろうか。

「どうだろう。ああいうのは武道よりも、むしろ隊員同士の繋がりのほうが大事ですよね。何か危険な物が飛んで来たとしても、それが自分の味方にぶつからないようにするといったことですね。

ただ、飛来物を盾で受けたとしても、その角度をどうするかといった場面では、武道があるいは役に立ったかもしれない。あとは隊員が集まって、右に動いたり左に動いたりするときの足捌きなんかは、一刀流と同じですもんね。あとは姿勢かな」

身体の大きな人ばかりで結成されるデモ隊は武器として竹竿を持ち、徒党を組んで突撃してくるが、その後ろには先頭に続けとばかりに何百人も何千人ものデモ隊員が控えている。これに対処するため機動隊員は、先頭のデモ隊員が持っている竹竿1本を押さえることで、後ろのデモ隊員たちをも制圧する姿勢を作るという。

「そのときの姿勢はね、やっぱりここでやってきた打ち込みの姿勢とまるきり同じなんですよ」

と先生は語る。そのおかげで敵も味方も屈強な体格ばかりの人間たちによる戦闘において、小柄な宮内先生が体力負けすることがなかったのだ。

「つまりは要領ですよね。重心を取るとか集団の中心を取るとか、あるいはどこかに力を集めるとかね。確かに前列の人間をうまく誘導できれば、その後にいる人間もすべて誘導できるんです」

〝太刀筋〟の見極め

小野派一刀流の稽古は、剣道のような打ち合いはなく、組太刀を徹底的に行う。

警視庁から稽古に来ていた先輩たちの声もあり、笹森先生からは竹刀打ちもやってみるかと言われたこともあったが、

「私が特に影響を受けていた先生が、清野武治先生や宇津木輝勝先生（共に順造先生門下）なんですが、その清野先生たちが〝打ち合いじゃなく太刀筋でいけ〟とおっしゃったことも、組太刀にこだわった理由ですね」

それで笹森先生に〝組太刀で行きたい〟と伝えたところ、「組太刀だけで名人になった人もいるからね」と仰って、それ以後、竹刀打ちの話はされなかった。

太刀筋の稽古は、最初は木刀をまっすぐ上げてまっすぐ下ろすところから始まるという。

「自分の正中線上に刃を置き、相手の真ん中に刃を向ける。仕太刀、打太刀ともに一線

太刀も小太刀も間合は同じ

小野派一刀流における「小太刀」は、最初に行う互いの礼では大太刀と切っ先を合わさない、という。これは小太刀においても大太刀と同じ間合感覚を保つことで、容易に大太刀の間合に入らない為だ（①）。間合を詰める際には、半身のまま歩む「千鳥足」で中心をブラさない（②）。

懐で相手を浮かせる

二回目の切落で懐へ入った後、抑えた小太刀を立てること（剣先は常に相手の喉を突ける勢を持つ）で相手を浮かせ（①〜②）、肘を押さえて剣先をミゾオチへつける（③）

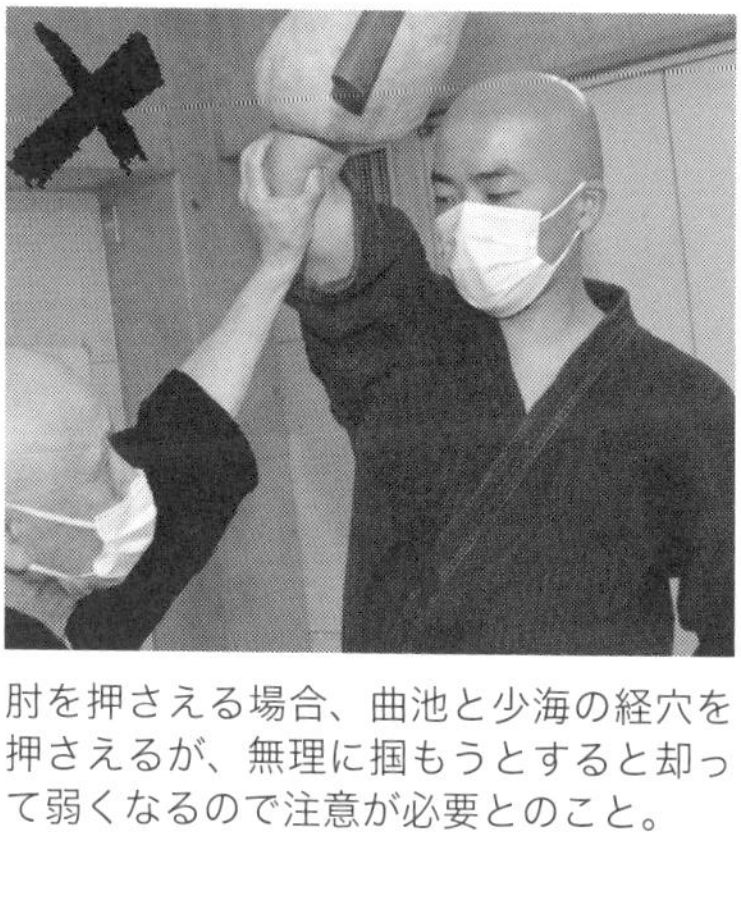

肘を押さえる場合、曲池と少海の経穴を押さえるが、無理に掴もうとすると却って弱くなるので注意が必要とのこと。

小太刀一本目
「二つ勝」の切落と付け・離れの修練

小野派一刀流が教える小太刀の勝機は「間と拍子」であり、相手の“長さ”は「(相手に) 当たれば消える」と宮内先生。しかし、ただ当たるだけでは力の強い大太刀に弾かれてしまうだろう。あくまで小太刀は太刀における切っ先三寸を活かすのと同等に扱う身勢と間合、拍子で入ることで、接触した一点で打ち勝つ一刀流極意「切落」が成立する。

この切落を二回繰り返すことで、太刀の間合を出入りする「付け」と「離れ」を修練するのが一本目の「二つ勝」だ。この間、小太刀は常に中心を取り続けることで、一刀流が指向する一線上の攻防に打ち勝つ。「コツは拳の合わせです。拳が合えば、そこに相手は来るので、後は乗ればいい。ボクシングの井上尚弥選手のジャブと同じでしょう」（宮内先生）。

上に立つところから始まります」

小野派一刀流には多くの形が伝えられているが、その形はすべて太刀筋の違いによるものだ。

「一刀流の各構えとは、太刀筋の通過点を構えとして名乗っているわけです。ですから、所作はこうだから、こういう形なんだということではない。太刀筋の通過点を構えで示しているわけですから、刀を振れば必ず構えで示した道を通るわけです」

一刀流とは、相手と合わせた正中線の中にどう太刀を動かすかという考えを基にすべてが作られていると解釈できる。身体の周りで剣を振り回すのではなく、剣に合わせて身体がどう動くかを学ぶのである。

「そうです。あくまでも太刀が先です。力で太刀を振るのではなく、太刀の動きにいかに自分を合わせていくかが大事なんです」

清野先生と同じく、宇津木輝勝先生もまた、宮内先生に大きく影響を与えた人物である。

「宇津木先生の教えは徹底的に太刀筋です。ちょっとでも筋がね、刃1枚分曲がっていてもダメだった。例えば切り落としをやっても、こちらの筋が曲がっている間はこちらがすべて打ち落とされた。こちらが仕太刀なのにですよ。仕太刀が正しい筋を出したときに初めて打太刀が負けてくれるんです」

稽古は仕太刀が勝つまで終わらない。結局、負けっ放しで稽古が終わるという日が当たり前のようにあった。

「稽古が終われば家に帰りますが、次の稽古の日までに、家で鏡を見ながら自分の修正をするんです。そうして勝ったときは嬉しかったですね」

こうした厳しい稽古を経て、宮内先生の太刀筋は正確になっていった。筋が正しければ自分よりも体格で勝る相手が大きな力を振るってきたとしても弾き飛ばされることなく、対抗できるのである。

「こちらの太刀筋が正しければ、却《かえ》って相手が飛びますよね」

小野派一刀流「小太刀」の理合

この小野派一刀流の理合いは、おそらく得物の大きさを問わないはずで、小太刀の使い方も根本では変わらないのだろう。

「小太刀は、目録的にはずいぶん位が高いんです。何しろ本目録の五点のあとに小太刀が入ってきますからね。だから位は高いんですよね」

位が高いのは、小太刀に極意が含まれているからなのだろう。

「元々、一刀流の小太刀は、伝書によれば小野家二代の小野忠常が作ったとされています。まあ、笹森先生の本では、開祖が学んだ流儀（中條流）から小太刀の使い方が伝わっているということですけどね。流儀そのものが小太刀の使い方を伝える流儀ですから、（一刀流となって）特別に小太刀を作らなくても良かったのかもしれません。それまでにも流祖・伊藤一刀斎から続いてきた体系ができていたわけでしょう」

卍に体を使う①「縦横十字」

小野派一刀流小太刀・大太刀の形、各五本（本数九本）は、実際、修練している技法は「切落と『卍』です」と宮内先生。卍に体を使う好例の一つが、二本目「下段之附」における左の攻防。一本目と同じように決めにくる小太刀に対して一歩下がりながら胴斬りにくるのへ（①〜②）、刀の合った処で上太刀をとっているので切落がかかる。（③）。相手の太刀と小太刀が「縦横十字」に重なる。

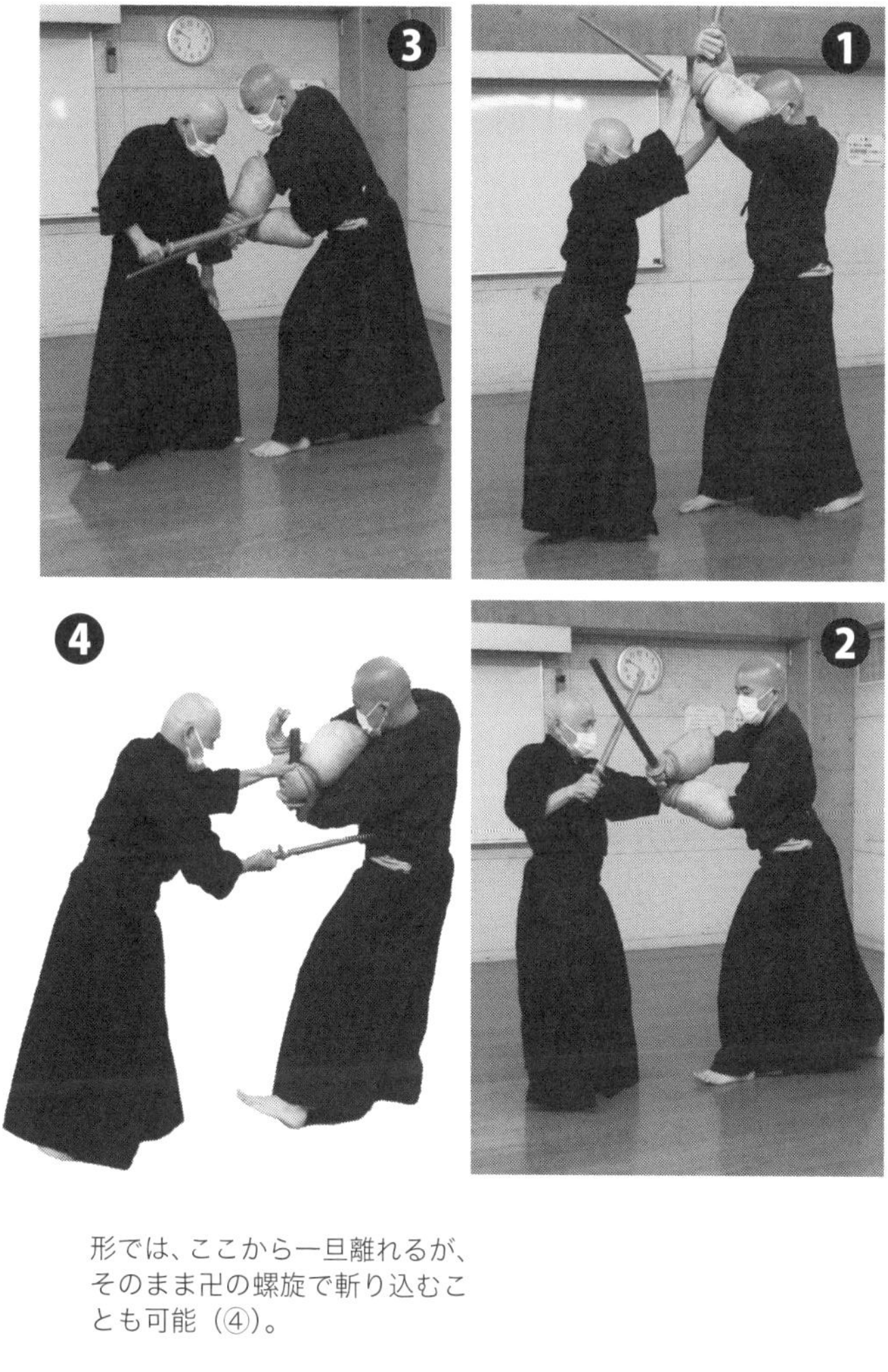

形では、ここから一旦離れるが、そのまま卍の螺旋で斬り込むことも可能（④）。

卍に体を使う② 「左右転化」

「下段之附」の続きとして、前項「十字の切落」の後、一旦、離れた小太刀へ向かって再び大上段より斬りかかる太刀に対し、足を踏み出しつつ小太刀の左側鎬で太刀を受け流し（①〜②）、再び転身して相手の鬼小手を打つ（③）。この左右転化も卍使いに相当するという。

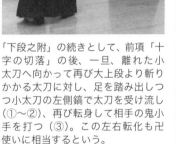

鬼小手を打つ動作は、防具の無かった当時の工夫。とはいえ、ここで小太刀を振り回しているわけではなく、実際には、転身と同時に左手で相手の腕を掴み、首筋に当てた小太刀で引き崩す。やはり小太刀が中心（太刀筋）からぶれることはない（④〜⑤）。

ここでの小太刀は相手を「斬る」ものではなく、その上下動は極めて少ないことに注意。同流素振りでも「自分が下がれば、太刀が上がる」として、いかに太刀へ身体を沿わせるかを学ぶ。

小太刀の形は5本と少ないが、宮内先生によると、「その中でも極意的な動きは二つですよね。〝切り落とし〟と〝卍〟でしょう。あとはその応用だけです」

大長刀術・十手術にみる小能制大

前述したように、笹森先生が宮内先生に伝えた流派は他に「神夢想林崎流居合術」「直元流大長刀術」「渋川流十手術」がある。このうち林崎流居合術は三尺三寸の長刀を用いて九寸五分の小刀に勝つことを目的としている。そのため長刀を持つ仕太刀がどう身体を使うかという技術が肝となる。あくまでも仕太刀が中心だが、小刀を持つ打太刀は簡単に仕太刀を勝たせないよう動くはずだ。

「小刀を持つ打太刀は仕太刀よりは早く抜けるはずで、それを活かした動きをしたいですよね」

直元流大長刀術は、その名のとおり九尺以上もの大長刀を使う豪快な流派だ。相手が使う太刀も通常の太刀よりも長めのものを使うという。もちろん大長刀が主体の流派である。だが逆に見れば、太刀側が大長刀相手にどう入っていくかという戦法を考えることもできるだろう。その場合の大切なことを宮内先生に聞くと、

「やっぱり太刀は大長刀の長さを消したいということです。あとは相手のモーメントをまともに受けず、反対に相手のモーメントをどう利用するか、といったところですね」

と教えてくれた。

以前、池田宗弘先生にお会いしたときに、前述した四流派を受け継ぐのが笹森伝なんだと教えてくれた。

そして「渋川流十手術」である。宮内先生は次のように語る。

「渋川流は、言ってみれば林崎流や一刀流小太刀の応用でしかない。笹森先生はきっと総合的な身体の使い方として一刀流をやって、直元流で上下の動きを使い、林崎流で間の

本邦初公開

「津軽伝 渋川流十手術」

笹森順造先生が伝えた津軽伝諸武術の中でも本邦初公開となる「渋川流十手術」。これもまた、長大な太刀に対して短武器である十手で、いかに対抗するかだが、基本的には小野派の小太刀同様、太刀筋を捉えた間と拍子で十手を操作し、鍵で太刀を絡めて制する。写真は一本目「稲葉分け」の応用。

白嶺北天会の皆さん。中央、宮内先生の向かって左隣が、順造先生のお孫さんであり、代表の鈴木ゆき子さん。順造先生や宮内先生らの直伝技法と心を、今なお研鑽しつつ後進へ伝えている。

使い方を覚えたのち、最後に無刀の究極の形として十手術をやると考えたんでしょう」

順造先生は渋川流十手術に無刀の意味合いを持たせていたのである。

こうしてみると、笹森順造先生が伝えた小野派一刀流を始めとする四流派は、どれも〝小能く大を制す〟というテーマを考えるのに適した武道であると言えるだろう。

◉一般社団法人 笹森順造直伝兵法 白嶺北天会（代表：鈴木ゆき子）
hakureihokutenkai.junzozikiden@gmail.com

第2部

名人・達人を輩出する円熟の世界
武は〝加年〟をチカラとする！
「衰えないカ」の

探求!!

太我会・遠藤靖彦
太極拳〝不滅〟の功夫と勁力

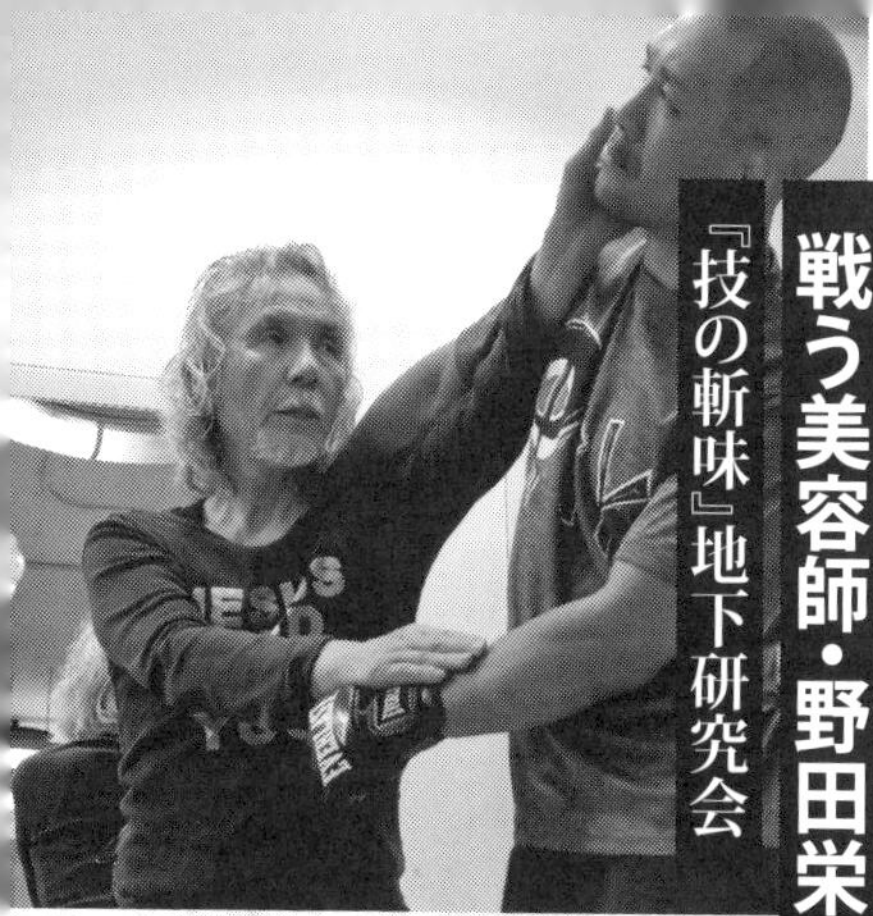

戦う美容師・野田栄一
『技の斬味』地下研究会

大森悟

サイバーヨガ・辻良史
〝火の呼吸〟と横隔膜の鍛錬

第2部　『衰えない力』の探求！

第5章

「鉛直の姿勢」

大森 悟

文◎大森悟

「合気之術」必須の強靭な足腰！

達人・佐川幸義伝 〝骨と柔〟の四股鍛錬

Ohmori Satoru

1961年3月27日、東京・荻窪生まれ。稼業はライティング＆編集業。17歳の時に『謎の拳法を求めて』を読んで大東流合気武術総本部宗範・佐川幸義先生の道場を探し出し、即日入門を許可される。98年に佐川先生逝去。2003年、陳式太極拳・野口敦子先生より老架式を教授していただく。翌04年、野口先生とともに河南省・陳家溝を訪れ王西安老師の御指導を受ける。05年、竹井三雄氏と邂逅し技術交流を開始。大東流と中国武術を教え合う。06年、「君に八極拳を教える」との御厚意に甘え、佐川道場の門人数人と松田隆智先生に入門。呉氏八極拳、陳式太極拳を教えていただく。13年、松田先生逝去。18年、竹井氏逝去。以来、独りで修錬を続ける。

猛者たちの怪力をも無効化する合気之術の玄妙

大東流合気武術総本部・佐川幸義宗範の逝去から、四半世紀が過ぎた。松田隆智先生の著作『謎の拳法を求めて』で佐川先生の存在を知り、17歳で入門したのが昭和53年（1978）であった。天地は万物の逆旅にして、光陰は百代の過客なり。小生は一昨年3月、還暦を迎えた。

入門当時、高校3年だった小生は佐川道場で最年少だった。一回り以上はなれている兄弟子たちは、どれも立派な体格の持ち主である。身の丈180センチを超える偉丈夫もいれば、小柄ながら隆々たる筋肉の鎧をまとう輩もいた。新参者の痩せこけた高校生は、豪傑たちにいいように弄ばれたものだ。

佐川先生はといえば、道場の上手にある椅子に腰かけゆっくりと紫煙を燻《くゆ》らせながら、門人の稽古を見つめている。ところが、先生がおもむろに立ち上がると、道場の空気がた

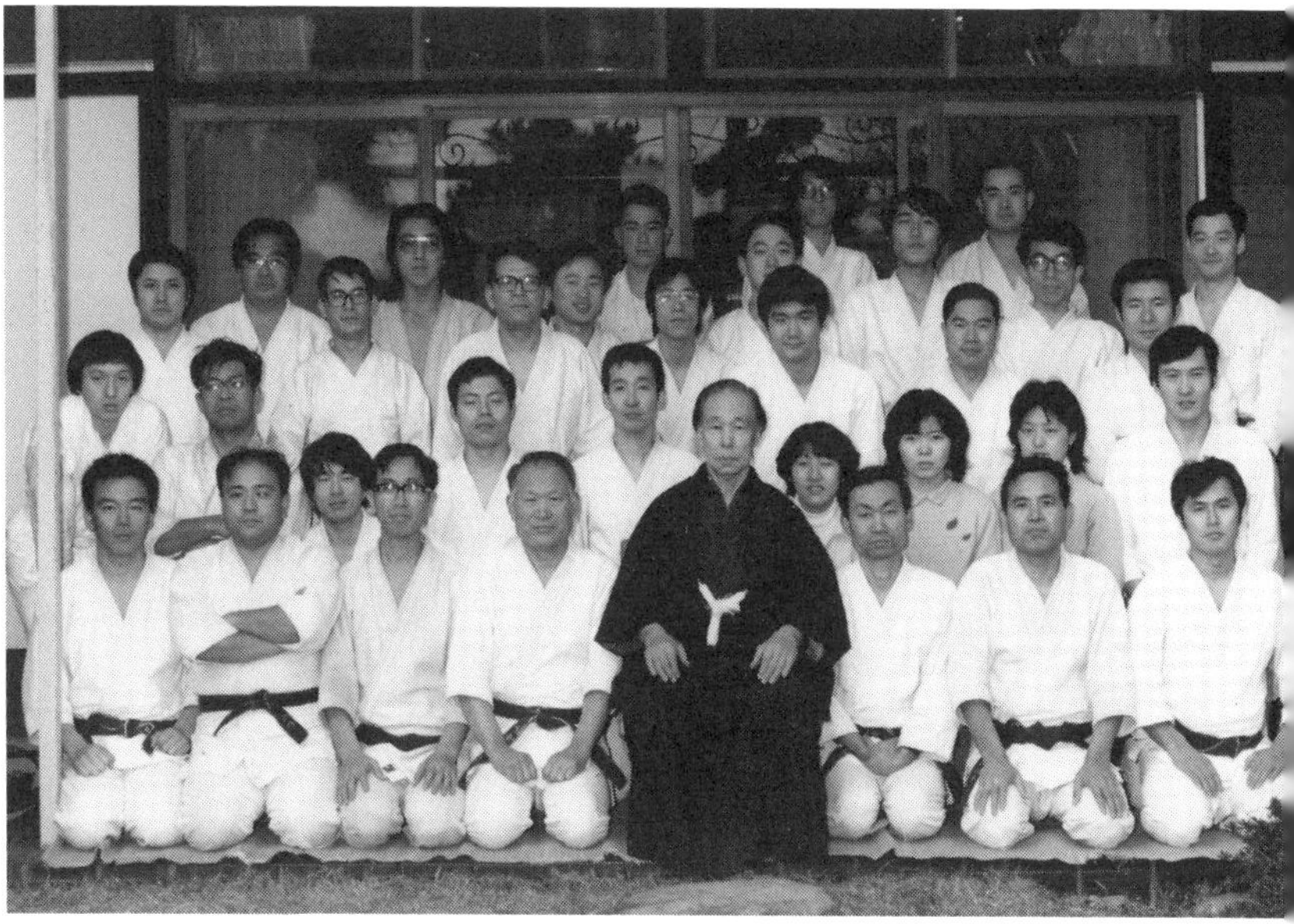

筆者が入門した翌年1月に撮影された佐川道場の「道場開き」（1979年）。2列目左端が当時17歳の筆者。唯一の高校生であった。

筆者の門人証。当時は月謝と一緒に佐川宗範に渡し、押印された門人証を返してもらうシステムだった。文字はすべて佐川宗範の直筆。この一枚はちょうど、目録二段から参段に昇段した年のもの。

佐川宗範から直々に手渡された三段の免状。宗範亡き後、合気司家から準四段を授与された。

ちまち一変する。兄弟子たちが息を呑む瞬間だ。

「ほら、力いっぱい摑《つか》んでみなさい」

先生がおもむろに腕を差し出すと、力自慢の猛者は御老人に対する遠慮会釈もなく摑みかかってゆく。その異様に太い手首をむんずと摑んだ刹那、小生をさんざん痛めつけた怪力は雲散霧消し、巨体は無残にも先生の足許につぶされるか、あるいは数メートル先に弾き飛ばされるのである。人間業とは思われない「合気之術」の玄妙に、小生はたちまち心を奪われた。

団塊世代の剛の者たちの集中砲火を浴びる苛烈な環境にも歯を食いしばり、小生は週に5日、昼と夜の稽古に通いつづけた。幸いなことに、佐川先生はそんなひ弱な少年を憐れんでくださり、稽古中には必ずといっていいほど注意していただいた。「筋がいい」と言われたこともある。76歳の先生は、小生にとって祖父母とほぼ同年代にあたった。

「技に気をのせるんだ」「腰をまっすぐに」「膝を曲げて」「踏み出す時は爪先から」「下を向いてはダメだ」と、叱声が次々に飛んでくる。特に厳しかったのが、姿勢である。上体が、当の本人も気づかないわずか数センチでも前に傾くと、たちまち雷が落ちる。合気

ステッキによる合気之術を披露する佐川宗範。投げられているのは木村達雄師範。右端に立つのは高田一夫師範（写真撮影：大森悟）。

之術に不可欠な「鉛直の姿勢」を保つためには強靭な足腰が必要なのだという理屈は、高校生の頭には難しすぎた。

佐川先生の四股は正確には「足踏み」

小生の弱々しい足腰に業を煮やされたのだろう。「四股を踏みなさい」「横蹴りの練習をしなさい」と先生が仰りはじめたのは、入門して半年あまりが経った頃であった。四股といわれすぐに思い浮かべるのは、相撲取りのあの四股である。早速、道場から家に帰り夜な夜な四股を踏む日々が始まった。数週間つづけ、満を持して道場へ行くものの、「足腰が弱すぎる。毎日ちゃんと四股を踏んでいるのか」と、毎日のように先生の叱責が聞こえてくる。

筆者が佐川宗範より特別に許可を得て撮影した貴重な演武写真（1989 年 9 月 29 日。先生 87 歳の頃）。

昼間の稽古は、夜間にくらべると門人の数が少ない。張り詰めた緊張感もいくぶん弛む雰囲気があった。兄弟子と2人きりだったこともあり、そんな時には佐川先生の底光りする眼差しも和らぐような気がした。

ある日の午後、兄弟子に稽古をつけてもらっていると、「四股を踏んでみなさい」と先生がやにわに仰る。稽古を中断し、数メートル先から注がれる鋭い視線に慄《おのの》きながら、小生はゆっくり足を上げ上体を横に傾けて、どしんと腰を下ろす動作を何度か繰り返した。

「そんな四股では、ダメだ！」。鋭い怒声がすかさず全身に突き刺さる。「上体を横に傾けてはいけない。真っすぐにしたまま踏みなさい」。「えっ、これが四股なの？」と戸惑いながらもまた踏みなおす。どうやら身体の中軸を、足の上げ下ろしにかかわらず常に垂直に保つことが要訣であるようだ。今度は、「腰をそんなに落とすな」「両肩の力を抜いて」「下肚に力を入れて」「もっと速く」「下ろすときには爪先から」と矢継ぎ早に指示が繰り出される。

「佐川式四股」は、太極拳や八極拳に共通する立身中正、気沈丹田、含胸抜背、全身鬆開の理にかなうものであった。先生は時折、四股を「足踏み」と形容された。たしかに、トントントンとリズミカルに両足を踏む動作には、「四股」より「足踏み」の表現がふさわしい。

小生の四股は早速「足踏み」に切り替わったものの、効果がなかなか表れない。この不甲斐なさが、再び先生を苛立たせるのだ。「大森君は、毎日四股を踏んでいるのか？　私だったら寝ないで踏み続け2週間で結果を出す」「あんたを強くしてやろうと思っているのに、周りの者がどんどん強くなってしまう」などと言われる始末であった。

余談になるが、四股を熱心に続け足腰を鍛え上げた後輩が一人いた。小生の1年ほど後に入門した団塊世代で、合気道の高段者である。寝食を忘れて四股を踏み続け、数年後には小生を含めた兄弟子たちの技が通用しなくなり、佐川先生以外に倒せる存在がいなくなった（もっとも、この御仁の技も我々には通じなかったが）。この門人は、先生に「力みの王様」と称賛？されるほどの「岩石身体」と化していったのである。

「岩石身体」と書いて、はたと気づいたことがある。小生の修錬場は集合住宅の5階にある、〝拳打臥牛之地〟にふさわしい小さな書斎である。四股を踏むには階下の住人に気を使う。いつの日か、小生の「足踏み」は爪先を床からほとんど離さない形となった。実

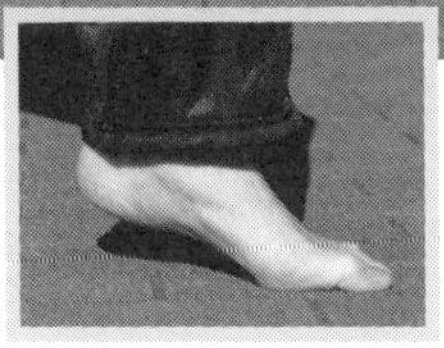

やはり立身中正の原則は崩さない。相手の膝あたりを狙い、身体の中軸から真横へ足が飛び出していく感覚で蹴るのがポイント。「もっと速く蹴りなさい」という、佐川先生の叱声が時折よみがえる。

腰をあまり落とさず、立身中正を保ったまま速いリズムで踏む。下丹田を体感する内的感覚が鋭くなる。爪先から踏み下ろすのがポイント。ただ、筆者の「足踏み」は爪先を地からほとんど離さず、踵の上げ下ろしのみに集中するものだ。

は、踵の上げ下げに意識を集中するこの踏み方のほうが重心の位置を絞り込める。さらに、身体を柔らかく使い、下丹田に意識の切先を向けることができるのだ。佐川先生の「足踏み」を目撃した門人は一人もいないだけに想像の域を出ないが、そのしなやかな身体と外反母趾のように変形した拇指球から類推すると、先生も爪先をほとんど上げずに「足踏み」をされていたのかもしれない。

卒寿をすぎても、佐川先生は20種以上の鍛練を毎日2時間ほど続けていた。「私は50年以上、一日も鍛練を欠かしたことはない。鍛練しないと、なんだか気持ちが悪いんだよ」。先生はきっと、「軽い・速い・柔らかい」鍛練を心がけておられたのだと思う。

骨は立派な臓器

武術に対する佐川先生の執念を改めて思い知らされたのは、逝去後「大義院合気玄奥居士」が諡《おくりな》され、火葬場で御遺体が荼毘に付された後だ。先生の御骨の一つ一つは実にたくましく、立派であった。

「この方は、よほど身体を鍛えられた方ですね」

御骨は大きな骨壺に納まりきらないほどの容量であり、火葬場の係員が驚嘆する様子が、今でも目に浮かぶ。最後に、頭蓋骨が顎と思《おぼ》しき骨にぴたりと合わさった時だ。先生の二つの黒い眼窩が光を放ったような錯覚を覚え、小生は思わず身震いした。骨壺の蓋を係員が両手でぐいぐい押さえつけると、御霊はようやく封印された。筋骨を鍛えに鍛えぬいた天才武術家の最期の姿を、小生は脳裡にしっかりと焼きつけた。

享年95。佐川先生ほどの骨密度を誇れる同世代の男性が、果たしてこの世に存在するであろうか。加齢によって骨量が減少し、骨が脆くなるのが一般的な老化現象である。今は、高齢者のみならず若い世代でも骨粗鬆症を発症する御時世だ。運動不足に加え、一日の大半を座って過ごす現代人の骨量は、知らず知らずのうちに減っている可能性がある。

大人の骨は、数年で作り替えられるといわれる。この作業を担うのが骨の中の「破骨細胞」（骨を壊す）と「骨芽細胞」（骨を作る）である。骨粗鬆症は、この2種類の細胞のバランスが崩れて引き起こされる。骨にはもう一つ、重要な細胞である「骨細胞」があり、衝撃を感知するセンサーの機能を具えている。衝撃の度合いによってメッセージ物質を分泌し、骨量が適切な量に保たれるように指令を発するのだ。大地に足を交互に踏み下ろす所作は、骨に最適な刺激をもたらすにちがいない。

それだけではない。ここ数年の研究によって、骨が出すメッセージ物質は膵臓、腸、肝臓などの臓器のほかに、記憶をつかさどる脳の海馬にもはたらきかけていることがわかった。記憶力、筋力、免疫力、生殖力のアップには、骨が深く関わっているのだ。骨は人体を支えるただのカルシウム棒ではなく、アンチエイジングを助長する立派な臓器なのである。日々の運動が骨の細胞たちを活発にし、老化のスピードを遅らせてくれる。運動に

◎参考文献：『人体 神秘の巨大ネットワーク　臓器たちは語り合う』（NHK 出版）

よって骨への刺激を増やせば増やすほど、細胞は活性化し若返りや病気予防につながるというしくみだ。

老境にありながらも佐川先生の直観力、創造力、思考力、記憶力が並外れていたのは、半世紀以上つづいた修錬のもう一つの成果であろう。

佐川伝鍛錬法と中国武術の基本功を融合

佐川先生が泉下の人となられた5年後、小生は縁の糸を伝って中国武術の世界に足を踏み入れた。野口敦子先生に陳式太極拳の老架式を教えていただき、その御縁で河南省の陳家溝において王西安老師の技法を体験することができた。その後、松田先生の古いお弟子さんである竹井三雄さんと邂逅し、技術交流する機会にも恵まれた。竹井さんには同じ陳

2004年に陳家溝を訪れた際に撮った一枚。後列中央が王西安老師、その前が愛弟子の野口敦子先生、左端が筆者。

大東流と中国武術の技術交流を重ねた盟友・竹井三雄氏。亡くなる半年前に会った際に撮った一枚。すでに酸素吸入器を手放せない状態だったが、「治ったらまた一緒に練習しましょう」と誓い合った。

呉連枝老師の技法を体感する筆者。

08年開門拳社主催「呉連枝老師来日講習会」にて、左端より松田隆智先生、ウィリアム・ウェザリー氏、呉連枝老師、筆者。

式でも、台湾に残る老架式（杜毓沢師系）と小八極を教わった。

45歳の時には、かつて『謎の拳法を求めて』によって佐川道場に導いてくださった松田隆智先生の御指導を仰ぐことになる。「四股と站椿功には、いずれも沈む効果がある」の教えには、「そうか、佐川先生の四股には別の目的があったのか……」と蒙を啓かれる思いであった。「松田道場」では呉氏八極拳を教授していただき、開門拳社の服部哲也先生の御厚意で呉連枝老師の謦咳《けいがい》に接することができた。浅学菲才の身には、ぜいたくすぎる境涯であった。

知らぬ間に、中国武術の修業年数と佐川先生の門下で過ごした年数がほぼ並んだ。先生の「50年以上一日も休むことなく」には遠く及ばないが、小生の修錬も細々とではあるが休むことなく継続し、今年9月下旬には18年目に突入する。生涯最高の練習相手であった竹井さんが逝って5年。今は、独り籠って練習している。

還暦を迎え、断捨離をはじめた矢先の一昨年6月、母が95歳で昇天した。その4か月前には入居先の施設で発生したクラスターに巻き込まれ新型コロナに感染し奇跡の生還を遂げていただけに、母の死は痛恨の極みであった。実家に連れ帰った母の亡骸のそばに佇む

王西安老師の採気法数種から１種類だけを選んで励行。呼気に合わせてゆっくりと身体を沈めていく。両手を臍の前あたりに置いているのは、竹井氏の「その方が丹田を意識しやすくなる」とのアドバイスを取り入れたもの。

呉氏八極拳の基本中の基本。一人稽古のため、呉連枝老師の両儀樁をイメージしながら立ちつづける。形が間違っているとすれば、すべて筆者の責任である。

うちに、佐川先生の「50年以上一日も……」の言葉が降りてきて粛々と「足踏み」をした。

晩秋のある日、しょげこんだ心身に活を入れるため、しばらく封印していた八極拳を再開しようとふと思い立った。小八極を2週間ほど続け、呉氏八極拳の八極小架一路に切り替えた。松田道場時代には一路を最初の1年間で4500回以上練習しただけに、思い出すのに時間はかからなかった。疑問点があれば、呉連枝老師のDVDに教えていただいた。1か月もたたないうちに丹田に力が湧いてくるような感覚をおぼえ、ようやく暗闇からはい出すことができた。

小生の基礎鍛練は、佐川伝足踏みと横蹴り、王西安老師の採気法に呉連枝老師の基本功などを組み合わせたものである。足腰を念入りに練ったあと、上体の関節を柔らかくする運動も欠かさない（ここには「一人推手」や「一人合気揚げ」も含まれる）。馬齢を重ねるにつれ、修練はその日の活力を生みだす不可欠の「行」となった。

採気法と基本功は、とりわけ呼吸が重要である。還暦を過ぎ鍛練メニューが20種に及んでも身体が悲鳴をあげることがないのは、吐納の効果だと思われる。「呼吸法（文息・武息）は内臓のマッサージになる」とは、松田先生の教えであった。生前の佐川先生も呼吸法を

断捨離の最中に見つかった貴重な１コマ。当時は専ら撮影役に徹していたので、佐川先生のおそばに筆者が座っている写真はこの一枚のみである。1990年頃、佐門会の旅行先である那須温泉のホテルで撮ったものと思われる。一緒に写っているのは後輩の保江邦夫氏と治部眞里氏。

重視されていた節がある。

民間治療を生業としていた兄弟子の分析によると、佐川先生は一武術家としての生涯を終えるまでに、3度の心筋梗塞に見舞われたはずだという。1度目は小生の入門当時で76歳の頃。2度目が米寿を迎えられた年で、3度目がその7年後の最期の日である。2度の復活だけでも、超人のなせる業といえよう。だが、心筋細胞の壊死は避けられず、身体への酸素供給量は少しずつ減っていったと思われる。鋼鉄の意志をもつ先生のことだ。心機能が衰えた分を呼吸法で補っていたと考えてもおかしくはないであろう。

継続は力なり。もともと、「成人するまで無事に育つか分からない」と医者に見放されるほど悲惨な幼少時代を送った身体である。先天の気が欠如する分、武術によって後天の気を補ってきたのが我が人生だ。この歳まで生き永らえたのは、もっけの幸いであった。佐川先生が墓場へ持っていかれた神秘の技法を想像しながら、「合気探求への道」をとぼとぼ歩みつつ余生を送るのが、不肖の弟子には望外の幸せとなろう。

第2部 「衰えない力」の探求!

第6章 「呼吸力と脳力」

取材・文◎加藤聡史

サイバーヨガ研究所

辻 良史

神経と筋肉の通りを良くして脳力開発!

「火の呼吸」と横隔膜の鍛錬

Tsuji Yoshifumi

1976年生まれ。博士(体育科学)。クンダリーニヨガの第一人者ヨギ・バジャン師に師事、2003年日本人男性として初のクンダリーニヨガ(ヨギ・バジャン伝)指導者認可を得る。2012年、筑波大学発のベンチャー企業として最新鋭のメンタルトレーニングと伝統的なヨガの理論を融合させた「サイバーヨガ研究所」を設立。「ヨーガと脳機能、競技パフォーマンスの関係」についてアスリートを対象に研究・指導を行っている。著書に『ヨガ×武道 究極のメンタルをつくる!』(小沢隆との共著、BABジャパン)など。

拮抗筋を抑制するための鍛錬と「力みを取る」フィードバック

スポーツの現場や医学・生理学的見地からも三十代辺りから人間の体力は落ちていく一方とされており、一般的な認識としても概ねこの通りだろう。「とりわけ、筋肥大をおこす瞬発系の白筋は顕著に低下していきます」と語るのは、「サイバーヨガ研究所」を主宰する辻良史師。

筋力低下から転倒、寝たきりへという負のスパイラルを断ち切るため、十数年前からパワーリハビリ（マシントレーニングによる筋力アップ）が盛んに導入され、成果も上げているのは介護現場では最早常識だ。但し「若い頃からの蓄積があるに越したことはありません」とも辻師は言う。筋トレ自体は年代を問わず有効だが、四十代辺りから年間1％ずつ筋量が減ることを鑑みれば「貯筋」があるに越したことはない。

もちろん、武道・格闘技においても、これら筋肉は重要なファクターの一つではある。

しかし、古今東西の名人・達人に見られるのは、達人ならではの流れるような澱みない動き。これが出来ればどんなジャンルにおいても有効なはずだが、これを阻害するのが「力み」だ。上腕三頭筋のみが働き続け、肘を伸展し続ければ当然肘を痛める。過伸展されないように上腕二頭筋が働き、身体の安全を図っている訳だ。全身の骨格筋はほぼ全てこのような拮抗筋との関係で構成されている。合気系や中国武術のみならず、柔道・レスリングのコーチからも「力むな！」との指摘を受けた方は多いだろう。「でも、これってすごく抽象的ですよね」と辻師。

辻師もかつて木村達雄師の下で大東流を学んでいた時期があり、力みが技の成功を阻害することは幾度となく指摘されたという。だが、単なる脱力では技どころか立ってもいられない。動作に対しメインで働く主動筋、これを抑制しようと働く拮抗筋の働き過ぎが所謂「力み」だ。

辻師は「力みを取ることとは拮抗筋の働きを出来るだけ抑えることを指しているのではないか」と喝破する。佐川幸義師も若い頃に行っていたウエイト中心の鍛錬から二十四通りの鍛錬法といった拮抗筋を抑制するための鍛錬に移行していったそうだ。

拮抗筋を抑制させると言うは易しだが、行うのはなかなか困難。だが師匠や先達から形や套路を行う際、「肩に力が入っているぞ」などと指摘を受けることは出来る。師の駄目出しから修正のフィードバック行為を繰り返すことで、限りなく拮抗筋の動きが抑制された滑らかで澱みない動きが形成されていく。辻師は言う。「形や套路にはそのような意味合いもあったのではないでしょうか」

また、集中状態でいることも闘争の現場においては重要になってくるだろう。辻師によると、脳が集中状態にあると－（マイナス）の電気、ボーッとすると＋（プラス）の電気を帯びるという。そこから辻師のサイバーヨガ研究所では＋・－の電気の変換を瞬時に行えるようにする訓練を行っているという。機材では「集中してください」と指示され－の電気を帯びればアニメの人形が上昇するように設

Neurofeedback

モニターで確認しながら、脳の状態を自己調整していくニューロフィードバックトレーニング。

CYBER YOGA
Studio

定され、「ボーッとしてください」と指示され＋を帯びると下降するという。最高に上手くいけば人形が躍るように設定されているので「どうやれば人形が上手く踊るのか？」と脳自身が自ら学習して自在に集中状態に入れるようになっていく。脳が自己調節して良好に機能するニューロフィードバックの手法である。このような部分や一点をクローズアップし、アプローチする手法はトータルケアが主流であった東洋的心身メソッドにおいて不得意な分野であった。科学・西洋医学的視点を導入したサイバーヨガの革新性は、両者が相互補完出来るところにあるだろう。

省エネで呼吸活動を行うための呼吸筋の鍛錬

そして今回のテーマにおいて辻師が最も重要視するところのものが「呼吸」だ。植芝盛平翁や塩田剛三師も重要視してきた「呼吸」。武道・格闘技界の最重要課題とも言えることの呼吸を司る「横隔膜」こそが、生涯鍛え続けねばならない部位なのだ。

「横隔膜も筋肉であって、単なる膜ではありません」と辻師。横隔膜は白筋と赤筋が混じっ

呼吸筋としての横隔膜

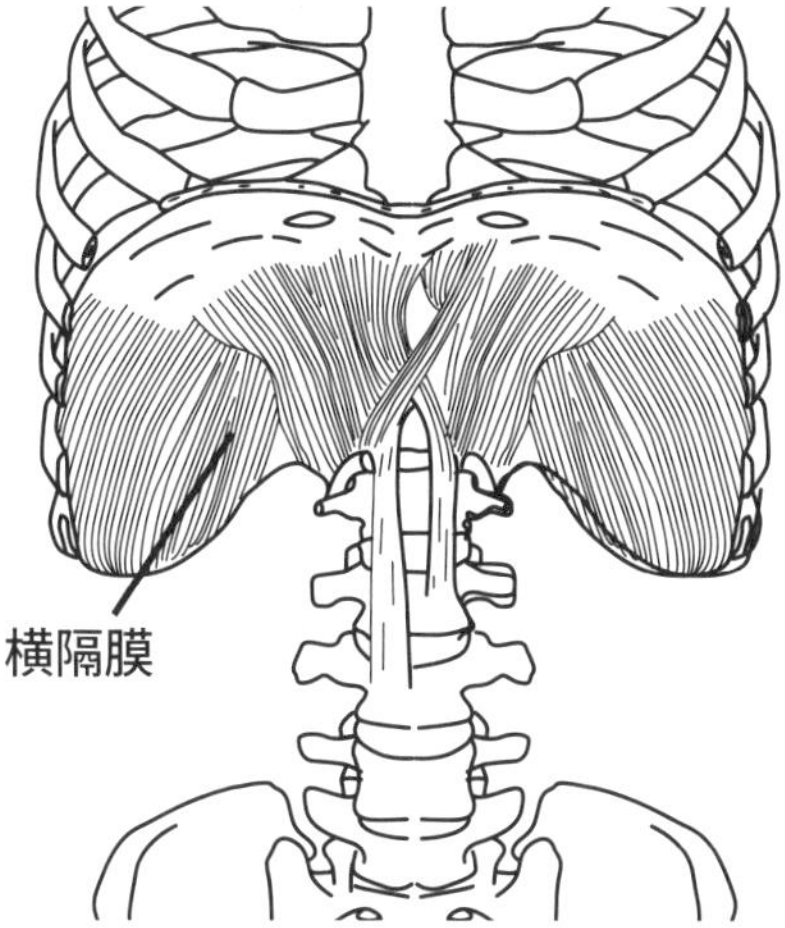

呼吸筋の１つである横隔膜は、鍛えることができる反面、何もしなければ他の筋肉同様に加齢の影響を受けてしまう。横隔膜の筋組成は、遅筋（Type Ⅰ）約55%、速筋（Type Ⅱ a）が約21%、遅筋と速筋の混合型（Type Ⅱ b）が約24%。特に混合型の委縮が加齢の影響を受けやすいことが動物実験で分かっている。人の実験では、横隔膜がまたがる食道と胃内の内圧の差（簡単に言うと横隔膜の瞬発力）と、呼吸筋力計の測定結果により、高齢者での呼吸筋の低下は明らかだという。

た組成である。何となく内臓筋だと赤筋が多いイメージがあると思うが、意外にも遅筋(赤)は全体の五割くらい。そして速筋（白）が二割で、残り三割は両者入り混じったピンク色。この速さと持久力を兼ね備えた部分が最も加齢によって衰える部分だという。結果、横隔膜の機能低下で胸・肋・背部の可動域も狭くなり、息切れが起こりやすくなる。息切れが起こると、それを補うため益々胸肋部に血流が送り込まれ、本来必要な四肢への血液供給が不足し、パフォーマンスは低下する。「呼吸活動にいかに仕事をさせないようにするか」これが加齢によるパフォーマンス低下を招かないために身体的に最も重要であると辻師は説く。

具体的には、クンダリーニヨガで行う胸部を縮めたり広げたりするストレッチ。そして代表的な呼吸である「火の呼吸」。火の呼吸は横隔膜を瞬間的に収縮させるトレーニングとなる。そして、それを断続的に続けて行うので、瞬発力・持久力双方が上がっていくことになる。特に持久力に関しては「火の呼吸」に代表されるような速い呼吸での効果は顕著だということだ。横隔膜の強化、加えて柔軟性が体力面を低下させない重要なキーとなる。ヨガ行者やヒクソン・グレイシーでお馴染みの、腹を凹ませる「バンダ」も横隔膜と

火の呼吸とウッディヤーナバンダ

【火の呼吸】

左足踵を会陰にあて、左足脛の上に右足を載せる。親指と人差し指で輪っかをつくり、肘、背筋を伸ばし、目を閉じ顎を軽く引く。臍下丹田を意識し、臍を引くように「フッ！」と力強く呼気。すぐに緩めて自然に吸気する。1秒間に2～3回のペース（※上写真では、腹部の動きが見やすいように左手を外して行ってもらった）。

【ウッディヤーナバンダ】

火の呼吸で作られた丹田のエネルギーを上昇させるために、呼気と共に、肛門、生殖器、臍を締めながらお腹を凹ませ、それらを横隔膜と共に真上に引き上げる。5～10秒間の締め付け。

【呼吸筋の鍛錬法】

①「火の呼吸」などの瞬発的に横隔膜を収縮させる呼吸トレーニングをある程度の時間を行い、横隔膜の筋力と持久力の向上を行う必要がある（1日最低3分）。②さらに、横隔膜の柔軟性向上には、ヨガのバンダの内、特にウッディヤーナバンダが効果的（火の呼吸の後に1回だけ行う）。横隔膜の筋力、持久力、柔軟性が向上すれば、それだけ呼吸活動を省エネモードで行うことが可能となる。③また、胸郭自体の硬化を防ぐためにそれらを拡張、ほぐす作用のあるアッパー・スパイナルフレックス（※次頁参照）も合わせて行うことがオススメ（約1～2分）。

アッパー・スパイナルフレックス

①あぐらの姿勢（足はクロスさせない）で、両肘をまっすぐに伸ばし、手のひらを膝頭にあてる。②息を吸って胸部を前方にしっかり押し出し、息を吐いて胸部を後方へと脱力させる。力強い呼吸に合わせ、１秒に１回のペースでリズミカルに行う。
胸部を前方に動かすときに緊張、後方へ動かすときに弛緩というように緩急つけて行うイメージ。このエクササイズを行うことで、加齢による胸壁、胸郭（肋骨、胸骨、胸椎）を構成する骨、軟骨、関節の硬化を防ぐことができる。胸を押し出すときに息を吸うことで、より胸郭がストレッチされる。ヨガの本来的効果は、胸に位置する第４チャクラの活性化。武術的には、胸ぐらをつかまれた際に、胸部の機動性が向上することで、支点ずらしが可能となり、そこから種々の手首関節がかけられるようになる。

加齢により、胸郭が硬化することで、呼吸がしづらくなり、その結果、より大きなエネルギーを呼吸活動に注ぐことになる。そして、心拍から拍出された血液が呼吸筋により多く使われることで、これから行う活動筋への血液供給量が減少し、結果、筋疲労を早めてしまう。呼吸を重要視する古武術では、省エネで呼吸活動が行える体づくりは必須といえる。

その周辺のストレッチになるとのこと。ぜひ、何かしら日常のセルフケアに取り入れ、衰え知らずの身体を手に入れたい。

足腰の筋肉は邪魔しない「リハビリ」としての筋・脳トレ

体格差や今回のテーマ、加齢に左右されない技術としてよく人々の口の端に上るのが、「合気」だ。合気という現象を構成する要素は様々で、何か一つを抽出して「これだ」とするのは無理があるが、最初に挙げた「主動する動きを邪魔することのない正しい筋出力がその構成要素としてあるのは間違いないでしょう」と辻師。大東流の道場で木村師から受けた技は、正に貫通するような「透明な力」だったという。正しい筋出力やコントロールの行き届いた乱れない呼吸といったもののさらにその先に様々な要素を含み、魂レベルの本質的な深い理解を得て「合気」は形成されていくものなのだろう。主動筋を邪魔しない正しい動作はこの入口に当たっており、佐川師が合気と勘違いしないよう戒めたというのもこの辺りのことであろうと辻師は考えている。

また、顕著にアスリートや武道家の衰えが出やすい部位に「足腰の強さ」がある。辻師は言う。「足腰の筋肉も絶対的に大事です。脚に関してはいくら鍛えても邪魔になりません」。続けて「武術的に邪魔になってくるのは胸と背中です」とも。

胸や背中の筋肉の過剰な発達は螺旋的な動きの阻害を誘発することがあるが、体幹部から脚にかけては細かい上肢の動きを邪魔することはない。故に加齢による機動力の衰えをなくすためにも要鍛錬なのだ。

佐川師も四股を重視されていたのは周知の話だろう。佐川師の記録には四股、ハンマートレーニングなど何十年間もの時間を掛けた身体作りが記されている。だが、単純な筋肉のパンプアップが目的なら計画的な3〜4か月のトレーニングがあれば一定の効果は顕れる。しかし「何十年も掛けた」ことにこそ重要性があると辻師は考える。つまり、これらが指向しているのは単純な筋トレではなく「リハビリテーション」であるということだ。

クンダリーニエネルギーとアーチャーポーズ

「ヨガ式立禅」と辻師が語る通り、このポーズでは、足を踏ん張ることで１番と２番のチャクラが、火の呼吸で３番、両手を広げることで４番、顔の向きで喉が締まり５番、親指を凝視することで６番と７番のチャクラが、全身同時に活性化されていく。
アーチャーポーズでは、両踵を横一直線に揃えて、弓を射るように両手を広げ、拳を握って親指を立てる。体幹部の伸筋群を十分に効かせたこの姿勢で、火の呼吸を１～３分行う。中心線を意識し、丹田に生じたクンダリーニエネルギーを脳まで上昇させ、「潜在脳力」を開発していく。

分かりやすく言い換えれば、これも力みなく筋出力を最大限に活かすための脳トレ、医学的に言えば、神経と筋肉の促通運動であった訳である。日常生活の中ではほぼ休眠状態である武道や格闘技に最適化された身体を作るのには一朝一夕ではいかない大変な手間と労力が必要なのだ。

「いや〜加齢に抗するって大変だな……」このような感想を読者の方々に抱かせてしまっただろうか。だが、そうではない。辻師も「呼吸に関しても様々な流儀や方法がありますが、実はシンプルで、長く吸う、長く吐く。速く吸って速く吐くか。片鼻か両鼻か。胸か腹かなどのパターンを組み合わせるだけです」と語る。大事なのは目的と用途に応じた修練を行うことだ。

若いアスリートや格闘家には、無限とも思えるようなスタミナと目を見張るような瞬発力が確かにある。だが、道場やジムで中高年世代が圧倒されてばかりいるかと言えば、そうではないだろう。テクニックで鮮やかに一本を取り、クリーンヒットを奪う中高年の姿を読者たちも相当数見てきているのではないだろうか。

ヨガや導引術で精密で無駄のない動作を作り上げ、呼吸法や下半身鍛錬で体力面をキー

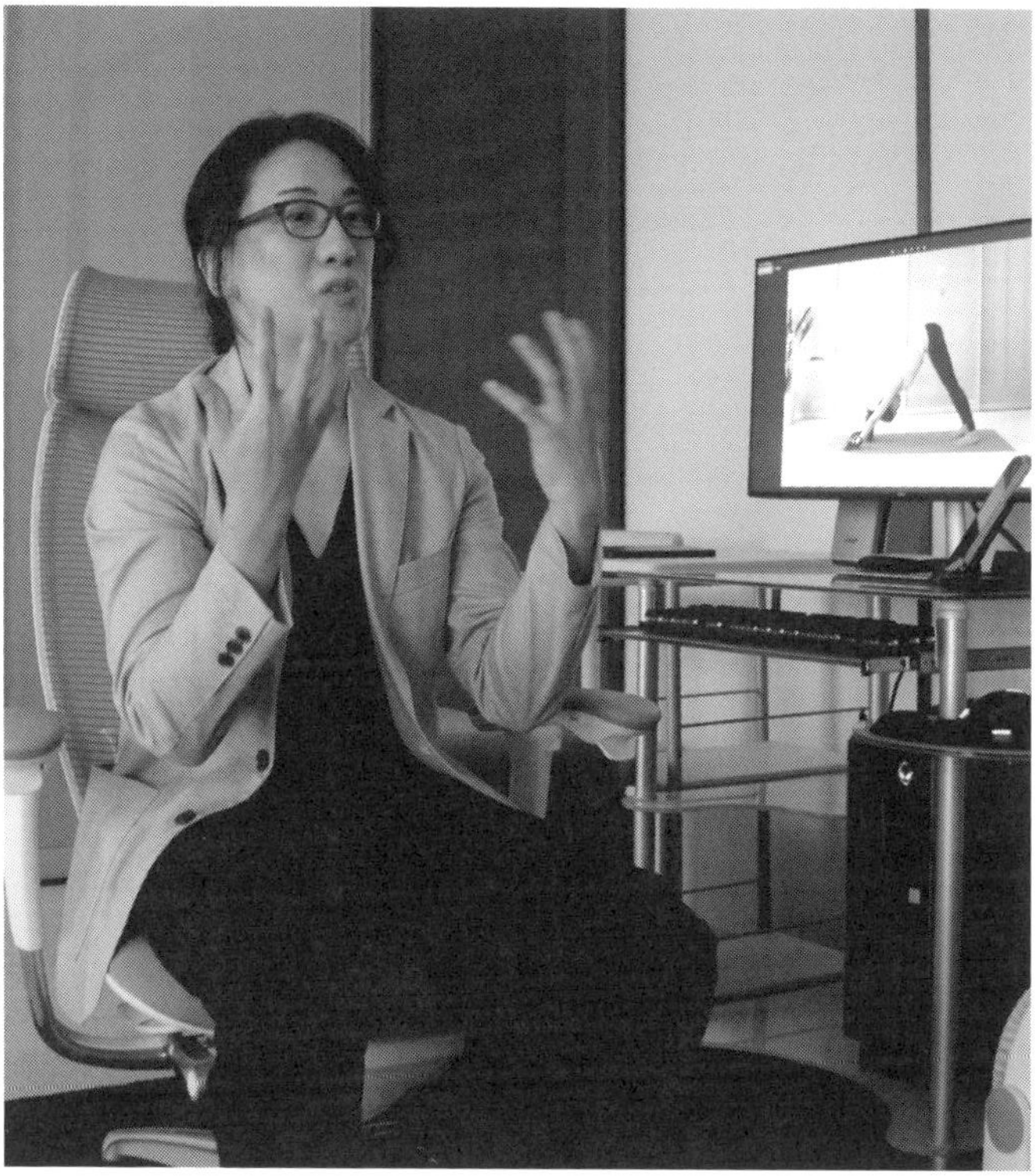

辻師によると、武術の鍛錬もまた脳の構造や機能の変容につながる可能性は十分にあるとのこと。また、加齢による生理的変化の結果として、若さとともにテストステロンのような男性ホルモンが減少していき、加年による経験の蓄積とともに、闘争の手段がぶつかり合いから「合気」や「調和」といった解決方法に向かうのも、理にかなっているという。

プ出来るなら、技術的な知識・経験や戦略・戦術など年を重ねることで蓄積される要素も活かされる場面も多く現れてくるはずだ。折角の試合巧者ぶりや知識や経験を活かすも殺すも体力的、特に呼吸機能の発達と維持に掛かっていると言っても言い過ぎではないだろう。

本項で紹介された様々なメソッドをぜひ実行していただき、生涯現役で武道・格闘技ライフを満喫しきっていただきたいものである。

第2部 「衰えない力」の探求！

第7章 「弾力のある力」

取材・文◎野村暁彦

太我会

遠藤靖彦

太極拳"不滅"の功夫と勁力

「皮のボール」のような身体感覚とは⁉

Endo Seigen

1955年東京生まれ。15歳から武術を始め、1973年からは「本物の師」を求めて中国、香港、台湾へ渡り、修行に明け暮れる。1982年から陳家溝四傑の一人である陳 小旺老師より陳式太極拳を学ぶ。1984年4月、中国武漢国際太極拳（剣）表演大会で優勝。同年6月には第1回全日本太極拳・中国武術表演大会で優勝を飾った後、同年11月から馮志強老師に師事し、陳式太極拳を学ぶ。2007年9月に「太我会」を組織し、これまで学んできた各種武術を土台として中国武術の指導を開始する。新作DVD『真の功夫を求めて』（BABジャパン）が2月中旬発売予定。

長年練り上げた熟練の功夫が「四両撥千斤」を現実にする

太極拳には四両撥千斤《しりょうはっせんきん》という言葉がある。小さな力（四両）で大きな力（千斤）を撥ね返すという意味である。

孫氏太極拳の創始者であり、内家拳の大家として名高い孫禄堂《そんろくどう》が太極拳の勁《けい》を「皮のボール」と喩《たと》えたように、太極拳の勁は一方向に激しく働くのではなく、全方向に向かって働く円満な整勁であり、化勁と発勁が結合した弾力のある柔勁である。このような勁の運用によって、初めて四両撥千斤が現実のものとなる。

確かに太極拳には、パワーやスピード、瞬発力といった直接的な肉体的要素よりも、長い年月をかけて練り上げられた熟練の技がモノを言う武術というイメージがある。しかし一方で、その武術性については懐疑的な意見も少なくない。

数ある中国武術の中でも、太極拳は最も名が知れている一方、かなり難解な部類に入る門派だと言えるだろう。実際に師のもとで太極拳を学んでいても、なかなか「使える」という実感が得られない人も多いようである。

ほとんどの中国武術は、大まかに言えば基本功、招式（技）の習得、応用（実用）という要素で組み立てられている。もちろん太極拳もここから外れることはない。基本功によって武術的身体を作り、これを武術として行使するための方法を示す招式を学ぶことによって、初めて武術としての体裁を成す。

しかし数多ある中国武術の中には、比較的早い時期から用を求めて対打や散手など実用に則した練習を行う門派もあれば、基礎の構築を重視して、ひたすら基本功を練習し、套路を繰り返す門派もある。前者はまず枝葉である招式の習得を優先し、これらを積み重ねることによって、技の根源である幹を太く育てていく。一方、後者はまず太い幹を求め、その完成度を高めてから、枝葉である技を展開させようとする。これらはアプローチの方向性の違いであり、優劣の問題ではない。どちらも熟練すれば、優れた武術となり得るのである。

しかし難儀なことに、前者は武術を練習しているという実感は比較的得られやすいが、目先の結果ばかりに囚われて、体を壊したり、体力のピークが過ぎるとともに功夫が失われていってしまったりすることも少なくない。一方、後者は武術としての実感がなかなか得られないため、多くの人が道半ばで諦めてしまう。そして、太極拳は後者に属する門派の代表格と言えるだろう。

太極拳という武術を理解し、明確な方向性を以て練習を進めるためには、まず太極拳が人体をどのように捉え、何をどのように鍛え、そこで得た勁をどのように運用しようとしているのかという全体像を知る必要がある。

放鬆と伸筋抜骨を習得し、体の末端まで勁を貫通させる

そこで遠藤靖彦《せいげん》老師が主宰する太我会では、まず太極拳を受容できる体を作るために、

若き日の遠藤老師は「第1回 全日本太極拳・中国武術表演大会（1984年）」に陳式太極拳でエントリーし、見事優勝を飾った。

初期練習の段階で放鬆《ほうしょう》と伸筋抜骨《しんきんばっこつ》の習得を目指す。

太極拳を学習する際、まず言われるのが放鬆である。これは全身から無駄な力を排除して、全ての関節が滑らかに連動した状態を指すもので、いわゆるリラックスや脱力とはニュアンスが異なっている。

中国武術では、骨を鍛え、筋を繋げて勁を通すことによって、武術的な身体を作り上げる。骨とは姿勢であり、動作である。筋は具体的な筋肉や腱ではなく、骨に沿って流れる「気や勁の通り道」を指す。実在する器官ではなく、全身が連動する感覚と捉えるべきだろう。

勁は筋という経路を流れるものであり、筋肉の働きによって発揮される筋力とは異なった力と認識される。もちろん、これはあくまで意念（イメージ）であり、実際には筋肉の運動である。しかし勁という意念に従って体を使うことで、初めて発勁、化勁、聴勁という中国武術の身体感覚を理解することができる。そのための入り口となるのが放鬆である。

放鬆を体得するために、中国武術に触れたことのある人ならば、誰もが一度はやったことがあるであろう甩手《スワイショウ》や掄臂《ルンピー》などの回転運動によって、各関節を緩め、解きほぐす。多くの場合、勁は関節の位置で滞るため、関節を柔らかく、円滑に動かすことを意識するのである。

四肢の関節は末端から梢節（手首、足首）、中節（肘、膝）、根節（肩、胯）と呼ぶが、中でも四肢と体幹部を繋ぐ根節は、梢節や中節に比べて操作が難しく、ここを柔らかく使うことが、放鬆のための重要なポイントとなる。

一般的な感覚では、腕の付け根は肩関節だが、中国武術では腕の付け根を左右の肩胛骨の中間とし、場合によっては左右の腕が一本に繋がっていると意識する。そのため、例えば掄臂のような腕回しの動作では、肩関節ではなく背中から手先までを大きく回すことになる。

脚の根節である胯《こ》は、いわゆる鼠径《そけい》部を指す。本来の股関節は、英語でヒップ・ジョイントと呼ばれるように臀部に位置するが、ここを柔らかく使うために胯を意識し、柔らかく保つ。胯が固まると全身が強張り、いわゆる居着いた状態となってしまうため、これを柔らかく保つことは非常に重要である。

次に伸筋抜骨だが、これは各部の関節を開いて伸ばし、筋の通りを強化するものである。太我会は遠藤老師の本門である陳式太極拳を主軸としているが、長年にわたって太極拳を

放　鬆

～関節を柔らかく、円滑に動かす～

甩手

力を抜き、左右に体を回して両腕を振る。回転運動によって、各関節を緩め、解きほぐす。関節を柔らかく、円滑に動かすことを意識する（①②）。

掄臂

腕回しの動作。中国武術においては、腕の付け根を左右の肩胛骨の中間とするため、肩関節ではなく背中から手先までを大きく回す（①②）。

胯の回転運動

胯は脚の根節であり、いわゆる鼠径部を指す。ここを柔らかく保つため、丹念にほぐしていく（①②）。

伸筋抜骨

〜 骨を鍛え、筋を繋げて勁を通す 〜

甩臂・立円

遠藤老師が独自に取り入れた通備拳の練功法。全身を伸びやかに用い、両腕を上から大きく回して振り下ろす。通備拳は、放長撃遠と呑吐開合の身法を特徴とし、体を極限まで大きく使うことを学ぶのに適している。

甩臂・平円

まず両腕を左右に開き、左側に歩を進めつつ、外側から内側へ大きく回して閉じる。放長撃遠は体を最大限に使うこと、呑吐は脊柱の撓りを主体とする体幹部の動き、開合は四肢の展開と折り畳みを指す。

修練してきた遠藤老師の経験に基づいて、この伸筋抜骨や、中心から末端まで勁を貫通させる放長を練るために、通備拳を取り入れている。

通備拳は、放長撃遠と呑吐《どんと》開合の身法を特徴とし、体を極限まで大きく使うことを学ぶのに適している。太我会では、中国武術の基本拳路として広く普及している弾腿に通備拳の身法を加味した通備十蹚弾腿《とうたんたい》などが練習されている。

ここで言う放長撃遠とは、必ずしも遠間で戦うということではなく、体を最大限に使うことを意味している。呑吐開合はそのための身法で、呑吐は脊柱の撓《しな》りを主体とする体幹部の動き、開合は四肢の展開と折り畳みを指していて、これらが連動することによって勁が中心から末端まで貫通し、大きな勁力を生む。

このような訓練を経て、体の芯から四肢の末端まで勁を貫通させることができたところで身体と運動の協調関係を高め、整勁を実現させるのだが、そのために動作と勁の動きが認識できる速度で動作を行い、全身の一致を図って丁寧に套路を打つ。太極拳が慢練を主体とするのはこのためである。

自身の体力と技能の絶妙なバランスが生む勁の運用

もちろん武術である以上、ときには敵愾心を露わにして敵と対峙する必要がある。現在、陳式太極拳には二本の套路が伝えられているが、ほとんどの動作を慢練で行う一路に対して、二路は砲捶と呼ばれ、一路で体得した勁を、敵を圧する激しい動作で思い切り解放することを学ぶ。

丹念に功を練り、形に囚われず自由に使うというのが中国武術の原則だが、いずれにしても、呑吐開合という明確な動作によって体得した勁を内面に納め、暗勁へと導く段階が太極拳には不可欠であり、こうして得た整勁によって、孫禄堂が「皮のボール」と喩えた太極拳の掤《ポン》勁が可能となる。

掤勁は、例えば太極拳の定番となっている、相手を弾き飛ばすというパフォーマンスを見る限り、確かに弾力のあるボールのようである。しかしそれは、相手に押し縮められる

掤勁

～「皮のボール」のように弾力のある力～

放鬆と伸筋抜骨の習得で体の末端まで勁が通れば、「皮のボール」のように丹田を中心とした全方向に弾力性を持つ力＝掤勁が実現可能となる（①）。全身にボール状の球体感があるので、丹田を上（②）、下（③）、右（④）に回転させるだけで、相手の力のベクトルを逸らすことができる。

ことで起こる反発力ではない。相手の力の速度、強さ、方向を読み（聴勁）、誘い込むように自ら収縮して（化勁）、自分の中心に向かって相手を崩す。引進落空《いんしんらっくう》である。

派手に飛ばされたり打たれたりするところにばかり目を奪われがちだが、飛ばす直前の引進落空にこそ太極拳の要諦があり、巧妙な化勁で相手を無力化するからこそ、大きな力を小さな力で撥ね返す四両撥千斤が現実のものとなるのである。そこに必要なのは、相手に真正面から対抗する直接的な筋力ではなく、自身の体力と技能の絶妙なバランスから生み出される勁の運用なのである。

相手の力を吸収して撥ね返す

相手が両腕で強く胸を押し込んでくるのに対し（①）、相手の力の速度、強さ、方向を読み（聴勁）、誘い込むように自ら収縮して（化勁）、自分の中心に向かって相手を崩す（引進落空）。そこから吸収した力を一気に解放するように発勁すれば、相手は大きく吹っ飛んでいく（②③）。

こちらから関連動画を観られます（「WEB秘伝」動画ギャラリー）

丹田で勁を爆発させる

相手が右肩を掴んできたら（①）、右手で瞬時に相手の掴み手を外すと同時に身を縮める（②）。この時、丹田に勁を凝縮し、それを一気に爆発させることで発勁は全方向に放たれ、相手の身体内部にまで響く強烈な打撃となる（③）。なお、浸透する発勁は相手を吹っ飛ばさず、深く鋭く突き刺さる。

3

◉太我会　http://taigakai.jp

第2部 「衰えない力」の探求！

第8章

取材・文◎加藤聡史

「技の斬味」

戦う美容師

野田栄一

実戦技を磨く！

衰えない動きをつくる「武術研究会」

Noda Eiichi

1972年美容学校卒業。熊本、青山の美容室勤務後、1976年渡英。1980年までロンドンの美容室で働く。帰国後、店長として新店舗運営に携わる。1985年独立、横浜元町に美容室を開店し現在に至る。一方、1978年（26歳）、ロンドンで合気道と出会い英国人の先生に習う。50歳から本格的に指導を受け四段、師範代を習得。カリ、シラット、居合道、イミ・クラヴマガ、中国武術、システマ等、その他の武術も研鑽を積む。

様々な武術の技術を吸収してきた美容師

七十歳ながら非常な技の斬れ味を持ち、現在進行形で心身を練磨し続ける人物がいると聞き及び、記者たちが向かった先は横浜は元町。

件の人物は、日本有数のファッション最先端地区でハサミを握る美容師・野田栄一氏だ。美容師である野田氏がどのような経緯で武術研究会を主宰することになったのであろうか。

「元々、古武術系が好きだったのです」と野田氏。一番最初に学んだのはイギリス留学中に入門した合気道。その後、帰国や仕事の関係での中断など挟みつつも再開し、合気道歴は二十数年（横浜 昊武会《こうぶかい》［旧 昊道会《こうどうかい》］所属、伊東政浩《せいこう》代表師範に心技体を学び、現在四段）。及び、並行して長年空手（正吾塾《しょうごじゅく》初段）も学んでいる。その他、抜刀系武術やカリ、シラット、システマ、イミ・クラヴマガなど、多くの武術に学び貪欲に技術の吸収に努め

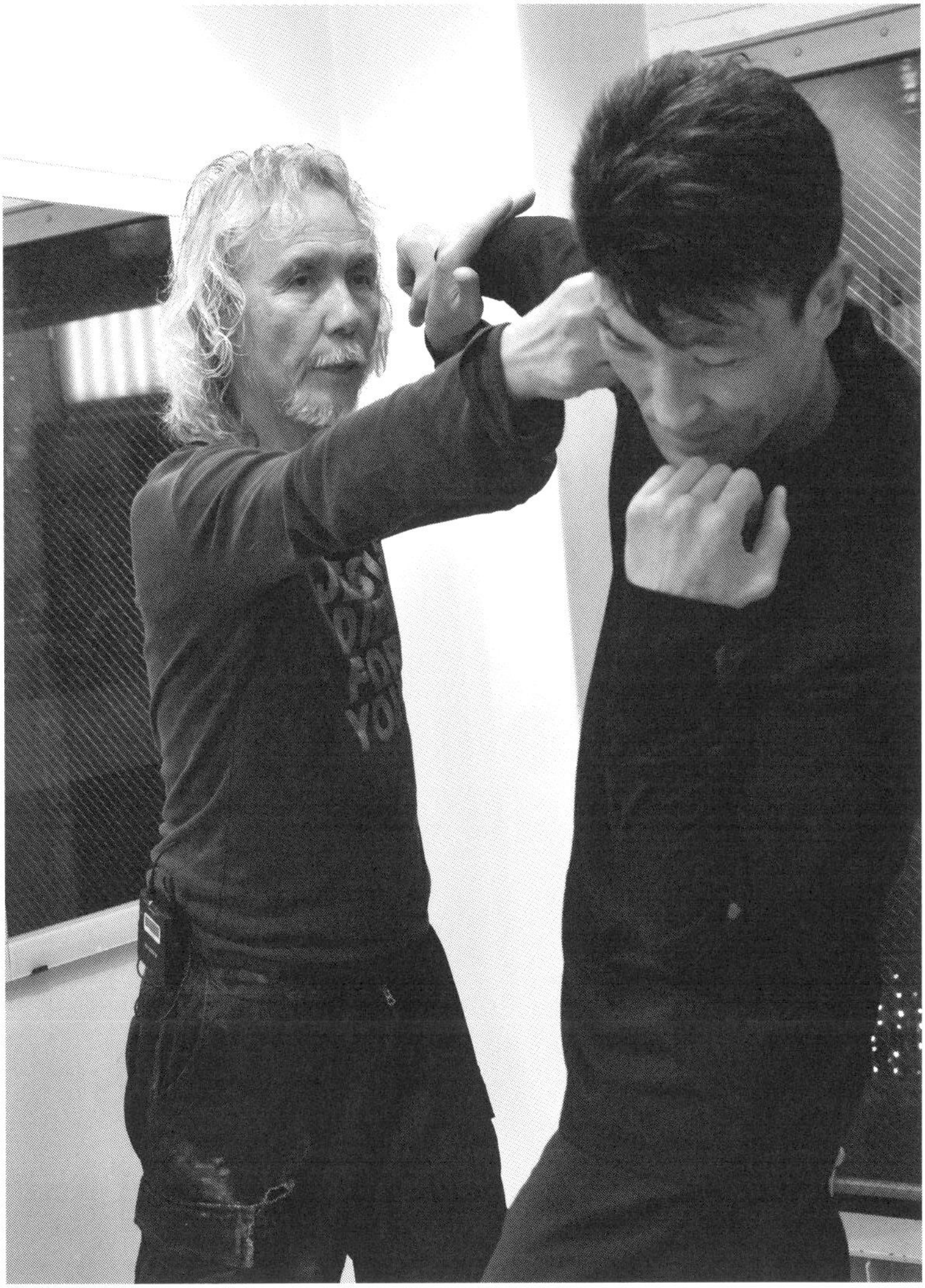

てきた。

「年の割に攻撃性があるというか（笑）。相手がいて動きのあるものが好きなんです」と野田氏本人も笑う。無論、仕事柄というのもあるが、ファッション含めその身のこなしと容姿、フットワークの軽さは実年齢より十数歳から二十歳ほどは若く見える。

「自分のスキルアップのために色々なものを吸収したいんですよ」とその向上心は実に熱い。若い頃過ごした熊本やイギリス留学時代は数々の修羅場を潜ったという野田氏だが、それらの経験が現在の自己防衛へ向ける高い意識に影響しているのは間違いないだろう。

危険な局面を限界ギリギリまで知ることの意味

様々に学んできた武術の中でも、特にイミ・クラヴマガのボアズ・ハガイ師からはナイフ術など多くの学びがあったそうだ。ハガイ師から野田氏は質問された。「目の前の蛍光灯でどう戦う？」

「頭をバツッと打つくらいかな」と野田氏は答えたが、ハガイ師の答えは「それじゃ死なないよ」というものだった。「じゃあどうするんです？」と聞いた野田氏に示したハガイ師の動きは、叩いて割った蛍光灯を目に突き刺しつつ首を絞めるというものだった。「これは日本人とは考え方のレベルが違う」と野田氏は感じ入った。危機意識の持ち方のレベルが根本的に異なる危険地帯や紛争地域の危機感覚だ。

断わっておくが、野田氏は犯罪を奨励している訳ではない。ただし「危険なシチュエーションを限界ギリギリまで知ることで、危険を回避したり、暴漢を制圧できる」というのが野田氏の考え方の根本にあるのだ。

全く怪我を負わせたり、殺したりする必要などない町場の喧嘩などでの過剰防衛や事故は、結局のところ技術や身体能力の欠乏によるところが大きい。恐怖感が暴走して思わぬ大事件を引き起こすことがある。野田氏がプロ格闘家や屈強な若者たちと飽くなき自己鍛錬と技術追及をするのは、可能な限り相手を傷つけないためでもある。

記者が見たところ、おそらく野田氏は体力的には同年代の方々をはるかに上回っているだろうが、現役総合格闘家やキックボクサーと力で張り合おうというのではない。その不利は理解した上で、技術と心身の使い方で制し得る方法をシミュレートし実践し還元するその研究の場がこの地下武術研究会なのである。

今回、技の受けを引き受けていただいたパンクラシストのロッキー川村選手だが、野田氏とは数年前に知人を通して知り合い、現在は野田氏と技術交流しながら自らも知見を深めているという。「競技としての格闘技とは違う部分もあるのですが、野田さんの熱心さと技術の理にかなった部分に感心もしましたし、僕も勉強させてもらっています」と川村選手。親子ほど年の離れた両者だが、その技術研鑽に賭ける思いは共通するものがあるのだろう。

具体的な技のやりとり

次に実際に動きを示していただく。まずはストリートファイトでありがちな、利き手によるスイングパンチに対して。最小限のスウェイでヒットポイントをずらしつつブロック。引きに合わせて入身しつつ相手の頸部に手刀を打ち込み同時に返しのパンチも封じておく。さらに頭突き、金的、鯖折り……と切れ目なく続く連続攻撃だ。素人の振るう雑なパンチに対してはかなり有効な対処法になりそうだ。

だが、ある程度腕に覚えがある相手ならジャブで距離を測りつつ、隙を狙った脇のしまった右ストレートを繰り出してくるだろう。

実際に川村選手とそのパターンで練習した際、ジャブで幻惑され野田氏は入身に対し右クロスでカウンターを合わされてしまったという。この反省を生かして作られたのが、中途半端に踏み込まず、しっかりと腰を切って半身を変えながら相手の右ストレートを外側

実戦研究 1

野田氏が行う研究会では、様々な実戦技が試される。今回は、その中のごく一部を紹介する。①相手の右パンチに対して、②最小限のスウェイでヒットポイントをずらしつつブロック。③そのまま相手の腕に沿って入身しつつ頸部に手刀を打ち込み、同時に相手の左のパンチを封じる。④さらに、ここからは、頭突きや金的などの攻撃を行うことができる。

に捌きながらの入身と手刀。

現代格闘技では顧みられなくなった手刀技法も素手での何でもありを考慮するなら、まだまだ工夫の余地がある。実際、試合経験豊富なパンクラスの古豪・川村選手も合気剣や抜刀を経験してきた野田氏の手刀の使い方と引き切る様に行う崩しに関しては得るところがあったようだ。川村選手も「ジャブだけ突いて相手がアウトボックスに徹したらどうします？」と質問しつつ実践したり、野田氏の施す技に対し忖度なく応じ、率直な意見を述べる。二人は非常に良いパートナーシップを築いている。

ジャブを散らしながらサークリングしていく川村選手に対して野田氏は両手の接触を保って粘らせながら付いて行き、壁際でのど輪をきめて動きを止めた。

踏み込んで相手と第一次接触する部位に関しても常に急所を意識して攻めている。急所と言っても目鼻・金的といった一般的な部位に留まらず、前腕の骨と筋の間や尺骨神経溝、いわゆる電光と呼ばれる肋部や頬骨など多岐にわたっている。

これらも全て、相手を戦意喪失させんがために狙っているのであって、加害を意図したものではない。むしろ若年の頃、相手の鼻を折ったり、怪我を負わせてしまったことへの

実戦研究2

①〜④ジャブを散らしながらサークリングしていく相手に対して、両手の接触を保って粘らせながら付いて行き、⑤壁際で相手をのど輪で押さえて、動きを止める。

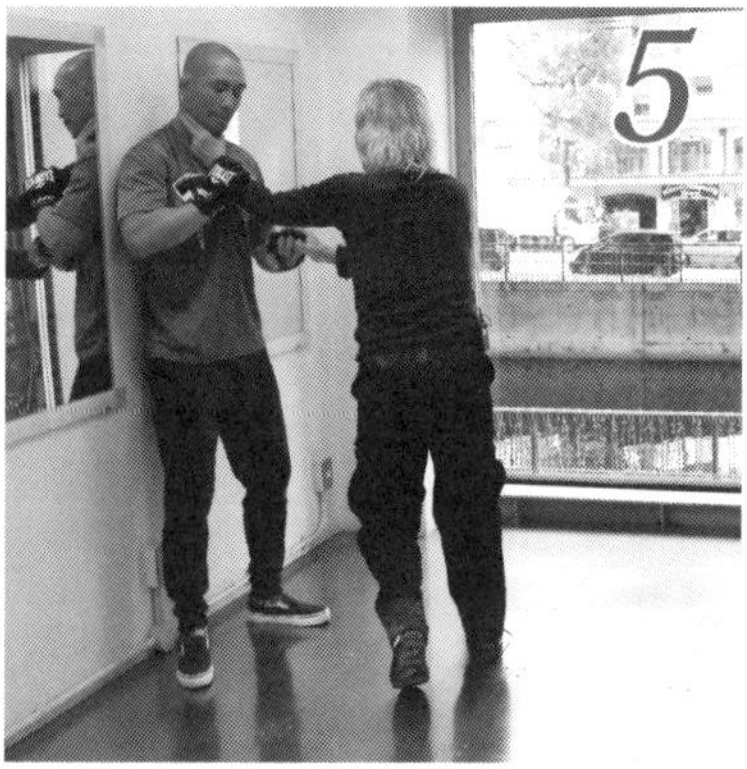

反省から極力傷つけずに制圧せんがために編み出した技術であるそうだ。

正中の保たれた姿勢から入身で間合いに入り込み接点から崩す技法などに長年学んだ合気道の技法などが活かされつつも、接近戦ではリラックス体から繰り出されるハンドスピードの速い連続した短打など、これまでに学んだ様々な流派が野田氏の中で上手く融合しているのが分かる。

丹田から背部を通って出るエネルギーを四肢から放つ

インタビュー中の立ち振る舞いから試技の間も野田氏は常にリラックスしており、自分の身体と体重を使いこなしている。また、そうでなくては試技とはいえ数十キロ重い総合格闘家の身体を崩すことなど不可能だ。力みのないリラックス体で動けているからこそハードに長時間動き続けても息切れ一つしない。高齢の先生方の中には一、二度屈伸しただけでゼエゼエ言っているような方も見受けられるが、野田氏の足腰の強さとスタミナはひとえに鍛錬とセルフケアの賜物だろう。怪我をした時には徹底的にケア、食事も栄養バランスを考慮しながら三食全て自分で作っているという。

地球を土台に足腰から発する力をスムースに四肢に伝達させるというのは、武術に限らずありとあらゆる身体操作技法の目指すところ。野田氏は特に重さを発生させる起点として丹田を重視し、丹田から背部を通って出るエネルギーをいかに滞りなく身体を連動させて四肢から放つかに心を砕き、手は鞭、胴体は蛇のような連続した螺旋の動きを心掛けているという。

「指捕りや点穴などの致命的な技法がある」と古流の優位を謳う先生方は多いが、常日頃から日常的に修練していなければ実際に決めるのは難しい上、社会人としての心のブレーキもあろう。だが、野田氏はそれらにも日常的に積極的に取り組むことによってスムーズに出し入れ出来る自らの引き出しとなし、且つ「ここまでやったら危険」というラインで自在に技の変化にも繋げてもいる。正に最も危険なシチュエーションを知ることで危険

護身研究1

野田氏の研究会では、相手がナイフを持っているような状況も想定して、その対応なども研究している。①相手がナイフを持って突いてきた時、腰を引いて腹部を引っ込めるようにしてしまうと、そのまま刺されてしまいやすい。これに対して、②僅かでも体を横にスライドさせながらよけると、深く刺されるような状況を回避できる可能性が高くなる。③さらに、自身の手首から腕を相手の手首に添えながら相手の攻撃を押さえ、④相手の急所、ここでは脇下への攻撃へと繋げることができる。

を回避できるという野田氏の考えを実践していると言えるだろう。

一瞬で激痛を与える急所を有効に使い、自らの身体能力を可能な限り落とさずキープし、病気や不摂生がなければ極端な増減をしない自重を使いこなす工夫は、加齢によって実力を目減りさせないためには可能な限り行った方が良いのは自明だ。

飽くなき向上心と揺るぎない気魄

だが、それにも増して必須なのは、常に工夫研鑽を重ねようという飽くなき向上心と、相手がプロ格闘家であろうが反社だろうが全く怯むことがないという揺るぎない気魄だ。

世相も暗く、ネットを流し読みすれば三十そこそこで人生が終わるの何のと愚痴ばかり書き込まれている。だが経済状況とは別に、老け込む老け込まないは自分が好きに出来る問題だ。

護身研究2

続いては、傘を持って突いてくる相手に対する対処を示してもらった。ナイフで突いてくる相手に対するのと一緒で、傘の先端を向けて突いてくる相手に対しても、真後ろに引いてしまうと、そのまま突かれてしまう可能性が高くなるので、①～②僅かでも横にスライドしながらよけつつ、③相手の腕をとって、そこを起点にしながら傘の先端を相手の肩に打ち込む。相手が体勢を崩したのに乗じて、④～⑤傘を取り上げることができる。

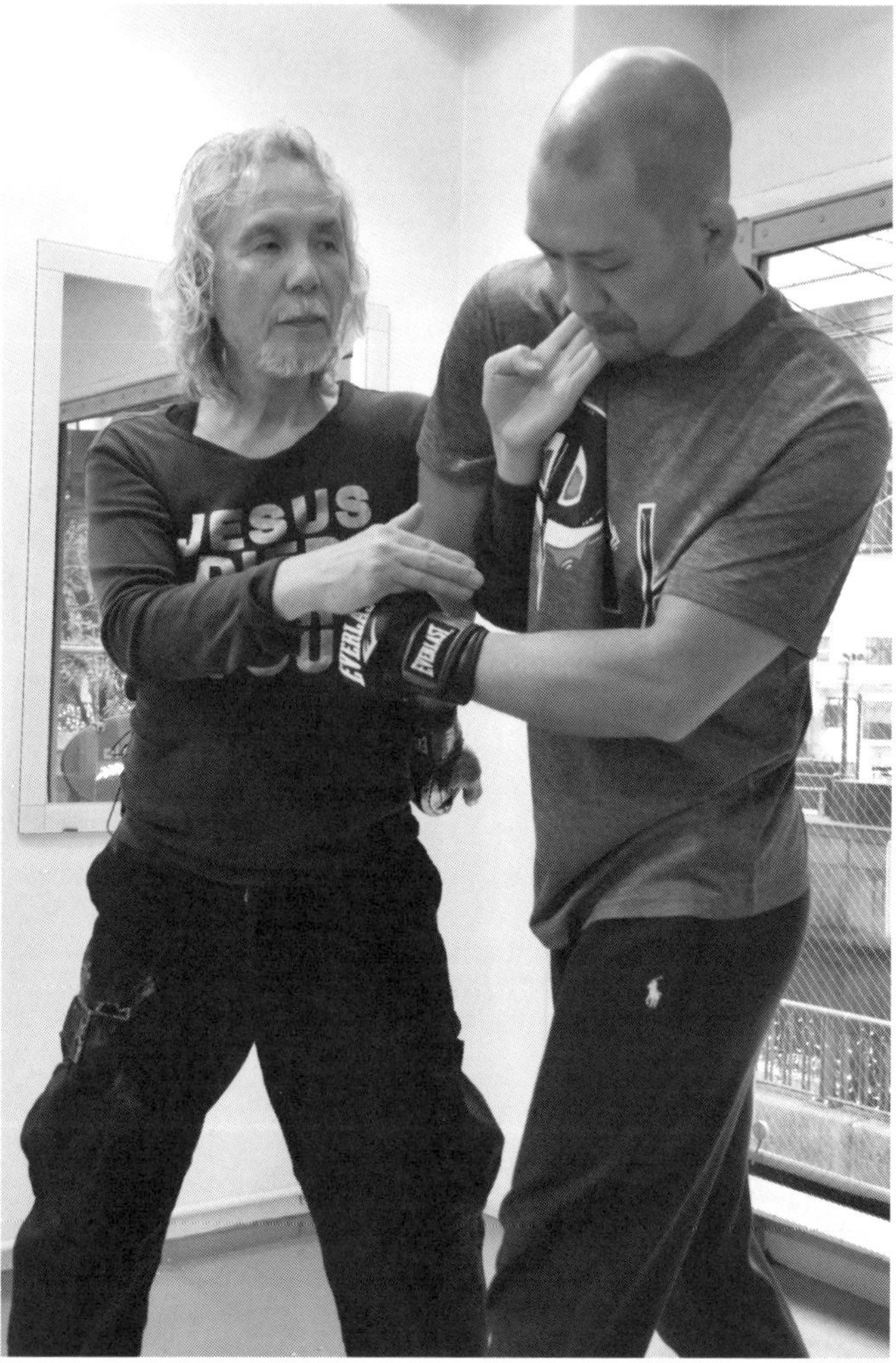

今回の取材でも相手役を務めてくれたロッキー川村選手（写真右）とは、定期的に研究会に招いて、実戦で活かせる技について探求している。

こちらから関連動画を観られます（「WEB秘伝」動画ギャラリー）

「ビビらず立ち向かうっていう、戦いに一番大事なものを野田さんは持っていますよね」

と取材終わりにロッキー川村選手は語った。

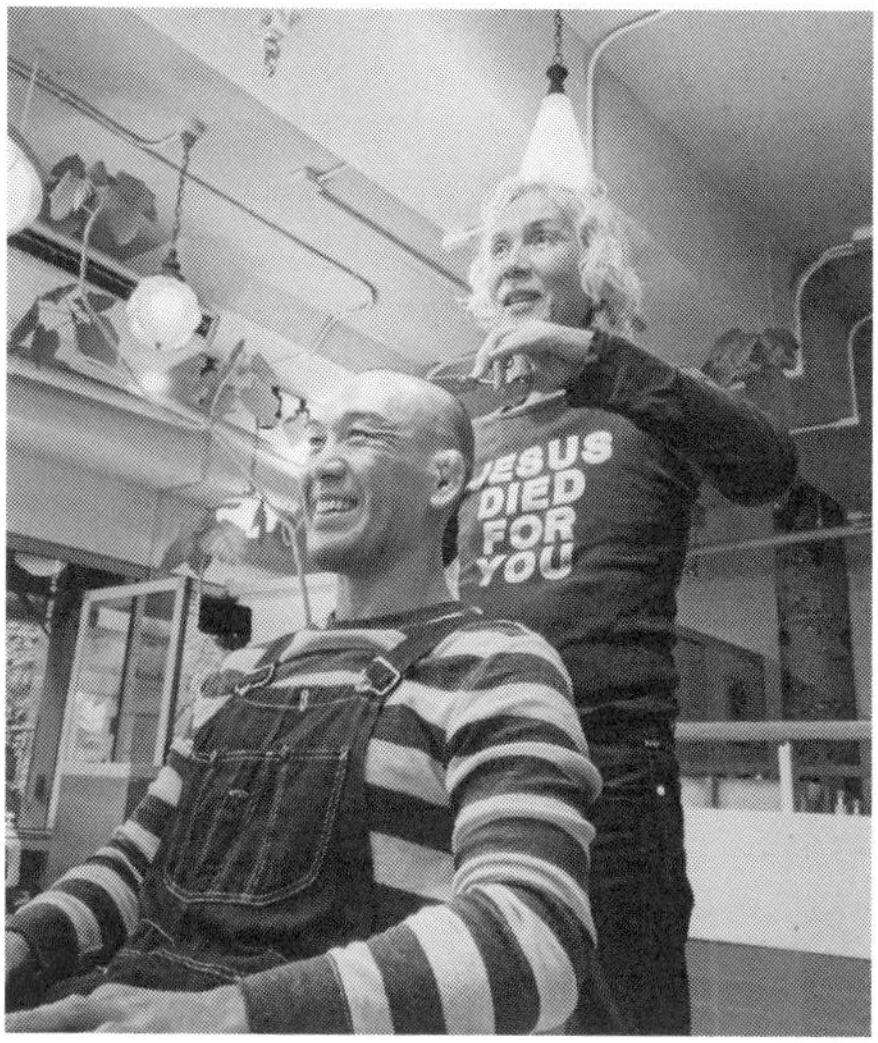

本職である美容師として、自身がオーナーを務める横浜の元町にある美容室「ambrosia（アンブロシア）」で、ロッキー川村選手の髪を整える野田氏。

●美容室アンブロシア　https://ambrosia.jp/

秘伝 BOOKS とは

国内唯一の古武術専門誌として 1990 年に創刊した『月刊秘伝』では、現代武道、中国武術、海外格闘術、護身術、さらには忍術や身体操法、療術まで、古今東西の身体智から最新の心身にまつわる知見までを発信しています。秘伝 BOOKS は、その中から特に好評を博した記事を精選し、新たにテーマ別に再構成した単行本シリーズです。

本文デザイン●澤川美代子
装丁デザイン●やなかひでゆき

本書は『月刊秘伝』2022 年 1 月号、及び 2022 年 3 月号の特集記事をもとに、新たに再編集したものです。

秘伝 BOOKS

武術！ 逆転の知恵

体格・年齢の不利を覆す

2023 年 5 月 30 日　初版第 1 刷発行

編　集　『月刊秘伝』編集部
発行者　東口敏郎
発行所　株式会社 BAB ジャパン
〒 151-0073 東京都渋谷区笹塚 1-30-11　4・5F
TEL　03-3469-0135　FAX　03-3469-0162
URL　http://www.bab.co.jp/
E-mail　shop@bab.co.jp
郵便振替 00140-7-116767
印刷・製本　中央精版印刷株式会社

ISBN978-4-8142-0546-2 C2075

BAB ジャパン 岩間統正先生 ラインナップ

生きること、闘うこと

書籍　太気拳の教え

太気拳は、攻撃や防御に決まった型がない。無心のうちに絶好の機を捉える根源的な身体と精神を作る。人生という闘いに通じる、至高の実戦哲学だ！ 素面・素手で打ち合う実戦組手を若手に指導する、ホンモノの達人が武道と人生の極意を伝授!! ネット動画ではわからない極意がある!!

●岩間統正 著　●四六判　● 220 頁　●本体 1,400 円＋税

「素面・素手」による実戦組手<不敗>の法則を学ぶ!

DVD　実戦! 太気拳 五輪書

拳聖 澤井健一の全伝を継ぐ岩間統正師は、澤井宗師に「気が出た」と唯一言わしめた高弟であり、今なお進化し続ける生涯現役の体現者である。この DVD では師による実戦指南書とも言える術理 歩法から間合、防御、戦機など「負けない」ために学ぶべきポイントを詳細に解説する。

●指導・監修：岩間統正　●収録時間：83 分　●本体 5,000 円＋税

太気至誠拳法　岩間統正

DVD　神技! 太気拳 第 1 巻 入門編

触れた瞬間に、手が答えを出す！ 実戦で“負けない”太気拳を追求する!!

第1巻は、理想的な構えを作るための「這」、素早く自在に動き・間を制するための「歩法」、接触後に優位に立つための「迎え手」「差し手」を指導していく。

●指導・監修：岩間統正　●収録時間：75 分　●本体 5,000 円＋税

太気至誠拳法　岩間統正

DVD　神技! 太気拳 第 2 巻 推手編

触れた瞬間に、手が答えを出す！ 実戦で“負けない”太気拳を追求する!!

第2巻は、全体重を瞬間に乗せる「打拳」、圧力を全身に連動させる「推手の基本」、接触の仕方である「瞬間推手」「変化と攻撃」等を指導していく。

●指導・監修：岩間統正　●収録時間：89 分　●本体 5,000 円＋税

太気至誠拳法　岩間統正

DVD　神技! 太気拳 第 3 巻 組手編

触れた瞬間に、手が答えを出す！ 実戦で“負けない”太気拳を追求する!!

第3巻は、太気拳の大きな特徴である素面、素手で当てる「組手」を核に、その技術の活かし方、そして「気」と「神拳」について指導していく。

●指導・監修：岩間統正　●収録時間：85 分　●本体 5,000 円＋税